施工禁忌系列丛书

公路工程施工禁忌

张向东 主编

中国建筑工业出版社

图书在版编目(CIP)数据

公路工程施工禁忌/张向东主编. —北京:中国建筑工业出版社,2011.4

(施工禁忌系列丛书)

ISBN 978-7-112-13010-8

Ⅰ.①公… Ⅱ.①张… Ⅲ.①道路工程-工程施工 Ⅳ.① U415

中国版本图书馆 CIP 数据核字(2011)第 041340 号

施工禁忌系列丛书

公路工程施工禁忌

张向东 主编

*

中国建筑工业出版社出版、发行(北京西郊百万庄)

各地新华书店、建筑书店经销

北京千辰公司制版

北京建筑工业印刷厂印刷

*

开本:787×1092 毫米 1/32 印张:7¼ 字数:162 千字

2011 年 5 月第一版 2011 年 5 月第一次印刷

定价:**18.00** 元

ISBN 978-7-112-13010-8

(20430)

本书是《施工禁忌系列丛书》的一本，主要包括概述、道路工程、桥梁工程、隧道工程等内容，编写体例摒弃了以往人们习惯的从正面叙述的常规模式，以“亮红灯”的警示方式指出各项施工中的“禁忌”；每条“禁忌”构成一个独立的内容，针对性、系统性强，并具有实际的可操作性；在编写方式上力求做到简明扼要、通俗易懂、概念清楚、实用性强，便于读者理解和应用；可供公路工程施工员参考使用。

*　　*　　*

责任编辑：刘　江　岳建光
责任设计：赵明霞
责任校对：陈晶晶　王雪竹

编写人员

主编：张向东

编委：（按姓氏笔画排序）

王　慧　王丽娟　白雅君　刘立华

刘艳君　齐丽娜　吴铁强　沈　阳

张　楠　张黎黎　胡　风

前　言

公路工程指公路构造物的勘察、测量、设计、施工、养护、管理等工作。近年来，随着国民经济的快速发展，国家及社会各方面加大对交通基础设施建设的投资力度，公路建设迈入了迅猛发展的时期。在加快发展的同时，公路工程质量越来越受到有关部门和社会的广泛关注和重视。为适应公路工程建设的发展，需要不断地提升行业的整体素质，其中，施工企业中的施工员是工程施工中的重要岗位，负责施工现场组织管理工作，其作用日益突出，他们的管理控制能力、操作技术水平、安全意识直接关系到工程施工的质量、进度、成本、安全。公路工程的施工员应具有识别施工操作违规方法的能力，这对确保工程施工质量和施工安全，是非常重要和不可忽视的。所以我们编写了这本书，便于公路工程的施工员掌握施工操作中的禁忌条款。

本书主要包括概述、道路工程、桥梁工程以及隧道工程等内容。

本书编写体例摒弃了以往人们习惯的从正面叙述的常规模式，以“亮红灯”的警示方式指出各项施工中的“禁忌”，给读者耳目一新的感受，使读者印象深刻、易于接受、乐意研读，于警示中领会、掌握各项施工技术的要领。每条“禁忌”构成一个独立的内容，针对性、系统性强，并具有实际的可操作性。在编写方式上力求做到简明扼要、通俗易懂、概念清楚、实用性强，便于读者理解和应用。

由于编写时间仓促，编写经验、理论水平有限，难免有疏漏、不足之处，敬请读者批评指正。

目　录

第1章 概 述

第1节 基础知识

1. 施工员的地位

(1) 施工员是完成公路施工任务的最基层的技术和组织管理人员，是施工企业各项组织管理工作在基层的具体实践者。

施工员是施工现场生产一线的组织者和管理者，在施工过程中具有极其重要的地位，具体表现在以下几个方面：

1）施工员是协调施工现场基层专业管理人员、劳务人员等各方面关系的纽带，需要指挥和协调好预算员、安全员、材料员、质量检查员等基层专业管理人员相互之间的关系。

2）施工员是单位工程施工现场的管理中心，是施工现场动态管理的体现者，是单位工程生产要素合理投入和优化组合的组织者，对单位工程项目的施工负有直接责任。

3）施工员对分管工程的施工生产和进度等进行控制，是单位施工现场的信息集散中心。

4）施工员是其分管工程施工现场对外联系的枢纽。

（2）施工员的独特地位决定了他与相关部门之间存在着密切的关系，主要表现在以下几个方面：

1）施工员与设计单位

施工单位与设计单位之间存在着工作关系，设计单位应积极配合施工单位，负责交代设计意图，解释设计文件，及时解决设计文件在施工中出现的问题，负责设计变更和修改预算，并参加工程竣工验收。同时，施工员在施工过程中发现了尚未预料到的新情况，使工程或其中的任何部位在质量、数量和形式上发生了变化，应及时向上级反映，由设计单位、建设单位和施工单位三方协商解决，办理设计变更与洽商。

2）施工员与工程建设监理

监理单位与施工单位存在着监理与被监理的关系，因此施工员应积极配合现场监理人员在施工进度控制、施工质量控制、工程投资控制等三方面所做的各种工作和检查，全面履行工程承包合同。

3）施工员与劳务关系

施工员是施工现场劳动力动态管理的直接责任者，负责按计划要求向劳务管理部门或项目经理申请派遣劳务人员，并签订劳务合同；按计划分配劳务人员，并下达承包任务书或施工任务单；在施工中不断进行劳动力平衡、调整，并按合同支付劳务报酬。

2. 施工员应具备的条件

(1) 施工员应具备的工作能力

在实际工作中，施工员应具备的工作能力如下：

1）能有效地组织、指挥人力、物力和财力进行科学施工，取得最佳的经济效益。

2）能够鉴别施工中的稳定性问题，初步分析安全质量事故。

3）能比较熟练地承担施工现场的测量、图样会审和向工人交底的工作。

4）能在不同地质条件下正确确定土方开挖、回填夯实、降水、排水等措施。

5）能正确地按照国家施工规范进行施工，掌握施工计划的关键线路，保证施工进度。

6）能根据施工要求，合理选用和管理建筑机具，具有一定的电工知识，科学管理施工用电。

7）能根据工程的需要，协调各工种、人员、上下级之间的关系，正确处理施工现场的各种社会关系，保证施工能按计划高效、有序地进行。

8）能运用质量管理方法指导施工，控制施工质量。

9）能编制施工预算、进行工程统计、劳务管理、现场经济活动分析，有效管理施工现场。

（2）施工员应具备的职业道德

加强行业职工道德建设，对于提高行业的质量和效益，树立行业新风，培养“有理想、有道德、有文化、有纪律”的队伍，建设社会主义精神文明具有重要意义。施工员作为施工现场管理人员，应具备的职业道德可归纳为以下几点：

1）施工员应以高度的责任感，根据技术人员的交底对工程建设的各个环节作出细致、周密的安排，并合理组织好劳动力，精心实施作业程序，使施工有条不紊地进行，防止盲目施工和窝工。

2）以对国家财产和人民生命安全极端负责的态度，时刻不忘工程安全和质量，严格监督和检查，把好关口。

3）不违章指挥，不玩忽职守，施工做到安全、优质、低耗，对已竣工的工程要主动回访保修，坚持良好的施工后服务，信守合同，维护企业的信誉。

4）施工员应严格按图施工，规范作业。不使用没有合格证的产品和未经抽样检验的产品，不偷工减料，不在钢材用量、结构尺寸、混凝土配合比等方面做手脚，牟取非法利益。

5）在施工过程中，时时处处要精打细算，降低原材料和能源的消耗，合理调度材料和劳动力，准确申报建筑材料的使用时间、型号、规格、数量，既保证及时供料，又不浪费材料。

6）施工员应以实事求是、认真负责的态度准确签证，不多签或少签工程量和材料数量，不虚报冒领，不拖拖拉拉，完工即签证，并做好资料的收集和整理归档工作。

7）做到施工不扰民，严格控制粉尘、噪声和施工垃圾对环境的污染，做到文明施工。

（3）施工员应具备的专业知识

施工员应具备的专业知识具体应包括以下几个方面：

1）掌握道路制图原理、识图方法以及常用的工程测量方法。

2）掌握常用施工材料（包括钢材、木材、水泥、砂石等）的性能和质量标准。

3）掌握一般建筑结构的基本构造、建筑力学和简单的施工计算方法。

4）掌握地基处理、基础施工的一般原理和方法。

5）掌握公路工程施工的规范、标准和施工技术。

6）掌握一定的经济与经营管理知识，能编制施工预算，能进行工程统计和现场经济活动分析。

7）掌握一定的质量管理知识。

8）掌握一定的施工组织和科学的施工现场管理方法。

9）了解一定的电工知识和施工机械知识。

（4）施工员应具备的身体素质

施工员长期工作在施工现场第一线，工作强度相当大，而且工作条件与生活条件也很艰苦，因此，要求施工员必须具有强健的体格与充沛的精力，才能胜任其工作。

3. 施工员的主要任务

在施工全过程中，施工员的主要任务是：结合多变的现场施工条件，将参与施工的劳动力、机具、构配件、材料和采用的施工方法等，科学、有序地协调组织起来，在时间和空间上取得最佳组合，取得最好的经济效果，保质、保量、保工期地完成任务。

（1）做好施工准备工作

施工员在施工现场应做好的施工准备工作主要包括：

1）现场准备

① 现场“四通一平”的检验和试用。

② 进行现场抄平、测量放线工作并进行检验。

③ 根据进度要求组织现场临时设施的搭建施工；安排好职工的食、住、行等后勤保障工作。

④ 根据进场计划和施工平面布置图，合理组织材料、构件、机具、半成品陆续进场，进行检验和试运转。

⑤ 安排做好施工现场的安全、防火、防汛措施。

2）技术准备

① 熟悉审查施工图样、有关技术规范和操作规程，了解设计要求及细部、节点做法，并放必要的大样，做配料单，弄清有关技术资料对工程质量的要求。

② 调查搜集必要的原始资料。

③ 熟悉或制定施工组织设计及有关技术、经济文件对

施工顺序、施工方法、施工进度、技术措施及现场施工总平面布置的要求；并确定施工的关键工序和薄弱环节。

④ 熟悉有关合同、招标资料及有关现行消耗定额，计算工程量，弄清人、财、物在施工中的需求消耗情况，了解和制定现场工资分配和奖励制度，签发工程任务单、限额领料单等。

3）组织准备

① 根据施工进度计划和劳动力需要量计划安排，分期分批组织劳动力的进场教育和各工种技术工人的配备等。

② 确定各工种、工序在各施工段的搭接，流水、交叉作业的开工、完工时间。

③ 全面安排好施工现场的一、二线，前、后台，施工生产和辅助作业，现场施工和场外协作之间的协调配合。

（2）进行工程施工技术交底

1）施工任务交底。向工人班组重点交代清楚工期要求、任务大小、关键工序、交叉配合关系等。

2）施工技术措施和操作要领交底。交代清楚与工程有关的技术规范，操作规程和重点施工部位、节点、细部的做法以及质量要求和技术措施。

3）施工消耗定额和经济分配方式的交底。交代清楚各施工项目劳动工日、机械台班数量、材料消耗、经济分配和奖罚制度等。

4）安全和文明施工交底。提出有关的防护措施和要求，明确责任。

（3）实行有目标的组织协调控制

在施工过程中，依照施工组织设计和有关技术、经济文件以及当地的实际情况，围绕着工期、质量、成本等既定施工目标，在每一阶段、每一工序实施综合平衡、协调控制，使施工中的各项资源和各种关系能够配合最佳，以确保工程的顺利进行。为此，要抓好下面几个环节：

1）检查班组作业前的各项准备工作。

2）检查外部供应、专业施工等协作条件是否满足需要，检查进场材料和构件质量。

3）检查工人班组的施工方法、施工质量、施工操作、施工进度以及节约、安全情况，发现问题，应立即纠正或采取补救措施解决。

4）做好现场施工调度，解决现场劳动力、原材料、半成品、周转材料、工具、机械设备、运输车辆、施工水电、安全设施、季节施工、施工工艺技术及现场生活设施等出现的供需矛盾。

（4）技术资料的记录和积累

在工程施工过程中，施工员应做好每项技术的记录和积累，主要包括的内容如下：

1）做好施工日志、隐蔽工程记录，填报工程完成量，办理预算外工料的签订。

2）做好质量事故处理记录。

3）做好混凝土砂浆试块试验结果以及质量“三检”情况记录的积累工作，以便工程交工验收、决算和质量验收评定的进行。

4. 施工员的职责、权利与义务

（1）施工员的职责

在工程施工阶段，施工员代表施工单位与业主、分包单位联系、协商问题，协调施工现场的施工、设计、工程预算、材料供应等各方面的工作。施工员对项目经理负责，负责对工程项目的全面管理，保证工程的顺利完成。施工员的主要职责如下：

1）在项目经理领导下，深入施工现场，协助搞好施工监理，与施工班组一起复核工程量，提高工程量正确性。

2）负责工程项目的施工质量以及安全工作。

3）熟悉施工图样，了解工程概况，绘制现场平面布置图，搞好现场布局。对质量要求、设计要求、具体做法要清楚地了解，组织班组认真按图施工。

4）全面负责工程施工项目的施工现场勘察、测量、施工组织和现场交通安全防护设置等具体工作，组织班组努力完成开路口、路面破复、临时道路修筑等工程任务，及时解决施工中的有关问题，向上级报告并保证施工进度。

5）参加图样会审，审理和解决图样中的疑难问题，碰到大的技术问题应与业主和设计部门联系，妥善解决。坚持按图施工，分项工程施工前，应写出书面技术交底。

6）参与班组技术交底、工程质量、安全生产交底、操作方法交底。严守施工操作规程，严抓质量，确保安全，负责对新工人上岗前培训，教育监督工人不违章作业。

7）编制单位工程生产计划。填写施工日志和隐蔽工程的验收记录，配合质检员整理技术资料和施工质量管理。

8）按照安全操作规程规定和质量验收标准要求，组织班组开展质量、安全自检与互检，努力提高工人技术素质和自我保护能力。对施工现场设置的交通安全设施和机械设备等安全防护装置经组织验收合格后方可进行工程项目的施工。

9）对原材料、设备、成品或半成品、安全防护用品等质量低劣或不符合施工规范规定和设计要求的，有权禁止使用。

10）认真做好隐蔽工程分部、分项及单位工程竣工验收签证工作，收集、整理、保存技术的原始资料，办理工程变更手续，负责工程竣工后的决算上报。

11）协助项目经理做好工程资料的收集、保管和归档工作。

（2）施工员的权利

施工员应具备的权利如下：

1）在分部分项、单位工程施工中，在行政管理上（如对人员调动、劳动人员组合、规章制度等）有权处理和决定，如果发现问题，应及时请示和报告有关部门。

2）根据施工要求，对劳动力、材料和施工机具等，有权合理使用和调配。

3）对上级已批准的施工组织设计、施工方案和技术安全措施等文件，要求施工班组认真贯彻执行，未经有关人员同意，不得随意变动。

4）发现不按施工程序施工，不能保证工程质量和安全生产的现象，有权加以制止，并提出改进意见和措施。

5）对不服从领导和指挥、违反劳动纪律和违反操作规程的人员，经多次说服教育不改者，有权停止其工作，并作出严肃处理。

6）督促检查施工班组做好考勤日报，检查验收施工班组的施工任务书，及时发现问题并进行处理。

（3）施工员的义务

施工员应具备的义务如下：

1）努力学习和认真贯彻建筑施工方针政策和有关部门规定，学习好有关部门的施工规范、技术标准、操作规程和先进单位的施工经验，不断提高施工技术和施工管理水平。

2）牢固树立“百年大计，质量第一”的思想，以为用户服务和对国家、对人民负责的态度，坚持工程回访和质量回访制度，虚心听取用户的建议和意见。

3）对上级下达的各项经济技术指标，应积极、主动地组织施工人员完成。

4）正确树立经济效益和社会效益、环境效益统一的思想。

5）信守合同、协议，做到文明施工，保证工期，信誉第一，不留尾巴，工完场清。

6）主动、积极地做好施工班组的思想政治工作，关心职工生活。

第2节　公路工程施工现场管理

1. 施工现场管理的概念

（1）施工现场管理的定义

所谓施工现场管理，就是运用科学的管理思想、管理组织、管理方法和管理手段，对施工现场的各种生产要素，如人（操作者，管理者）、机（设备）、料（原材料）、法（工艺、检测）、能源、信息、资金、环境等，进行合理的配置和优化组合，通过计划、组织、控制、协调、激励等管理职能，实现优质、高效、低耗、按期、安全、文明的生产，保证现场预定目标的实现。

（2）施工现场管理的意义

1）施工现场管理是贯彻执行有关法规的集中体现

施工现场管理不仅是一个工程管理问题，而且也是一个严肃的社会问题。它涉及许多城市建设管理法规，诸如：城市绿化、交通运输、消防安全、工业生产保障、文物保护、人防建设、居民安全、居民生活保障、精神文明建设等。

2）施工现场管理是建设体制改革的重要保证

从计划经济转换为市场经济的过程中，原来的建设管理体制必须进行深入的改革，而每个改革措施的成果，必然都通过施工现场反映出来。在市场经济条件下，在现场内建立起新的责、权、利结构，对施工现场进行有效的管理，既是建设体制改革的重要内容，也是其他改革措施是否能成功的重要保证。

3）施工现场管理是施工活动正常进行的基本保证

在公路工程施工中，大量的物流、人流、财流和信息流汇于施工现场。这些流是否畅通，涉及施工生产活动进行得是否顺利，而现场管理是物流、人流、财流和信息流畅通的基本保证。

4）施工现场是施工企业与社会的主要接触点

施工现场管理是一项综合的、科学的系统管理工作，施工企业的各项管理工作，都通过现场管理来反映。企业可以通过现场这个接触点体现自身的实力，获得良好的信誉，取得生存和发展的压力和动力。同时，社会也通过现场这个接触点来认识、评价企业。

5）施工现场是各项专业管理联系的纽带

在施工现场，项目的质量管理、合同管理、成本控制、技术创新、分包管理等各项专业管理工作按合理分工分头进行，而又密切协作，互相影响，相互制约，很难截然分开。施工现场管理的好坏，直接关系到各项专业管理的技术经济效果。

(3) 施工现场管理的任务

施工员是现场施工的直接指挥员，应学习有关施工现场管理的基本理论和方法，合理组织施工，达到优质、高效、低耗、安全和文明施工的目的。

公路施工现场管理的任务，具体可以归纳为以下几点：

1) 以市场需求为导向，生产适销对路的产品，全面完成生产计划规定的任务，包括产品品种、质量、产量、产值、工期、资金、成本、利润和安全等经济技术指标。

2) 消除生产现场的浪费现象，科学地组织生产，采用新工艺、新技术，开展技术革新和合理化建议活动，实现生产的高效率和高效益。

3) 优化劳动组织，搞好班组建设和民主管理，不断提高施工现场人员的思想水平和技术业务素质。

4) 加强定额管理，降低物料和能源的消耗，减少生产储备和资金占用，不断降低生产成本。

5) 优化专业管理，完善工艺、质量、设备、计划、调度、财务和安全等专业管理保证体系，并使它们在生产现场协调配合，发挥综合管理效应，有效地控制施工现场的投入和产出。

6) 组织均衡生产，实行标准化管理。

7) 加强管理基础工作，做到物流、人流运转有序，信息流及时准确，出现异常现象能及时发现和解决，使生产现场始终处于正常、有序、可控的状态。

8) 治理施工现场环境，改变生产现场“脏、乱、差”的状况，注意保护施工环境，做到施工不扰民。

(4) 施工现场管理的内容

1) 平面布置与管理

① 施工现场的布置，是要解决施工所需的各项设施和永久性建筑之间的合理布置，按照施工方案、施工部署和施工进度的要求，对施工用临时房屋建筑、临时加工预制场、堆场、材料仓库、临时水、电、动力管线和交通运输道路等做出周密的规划和布置。

② 施工现场平面管理就是在施工过程中对施工场地的布置进行合理的调节，也是全面落实施工总平面图的过程。

2）材料管理

全部材料和零部件的供应已列入施工规划，现场管理的主要内容是：确定供料和用料目标；确定供料、用料方式及措施；组织材料及制品的采购、储备和加工，作好施工现场的进料安排；组织材料进场、保管及合理使用；完工后及时退料及办理结算等。

3）质量管理

现场质量管理是施工现场管理的重要内容，主要包括以下两个方面工作：

① 按照国家有关技术规定和工程设计要求，如施工质量验收规范、技术操作规程等，对整个施工过程的各个工序环节进行有组织的工程质量检验工作，不合格的分部分项工程不能转入下道工序施工，不合格的建筑材料不能进入施工现场。

② 采用全面质量管理的方法，进行施工质量分析，找出产生各种施工质量缺陷的原因，随时采取预防措施，减少或尽量避免发生工程质量事故，把质量管理工作贯穿到工程施工全过程，形成一个完整的质量保证体系。

4）合同管理

现场合同管理是指施工全过程中的合同管理工作，它包括两个方面：

① 承包商与业主之间的合同管理工作；

② 承包商与分包之间的合同管理工作。

现场合同管理人员应及时填写并保存有关方面签证的文件。

5）安全管理与文明施工

安全生产管理贯穿于施工的全过程，交融于各项专业技术管理，关系着现场全体人员的生产安全和施工环境安全。现场安全管理的主要内容包括：建立安全管理制度、安全技术管理、安全教育、安全检查与安全分析等。

文明施工是指在施工现场管理中，按照现代化施工的客观要求，使施工现场保持良好的施工秩序和施工环境。文明施工是施工现场管理中一项综合性基础管理工作。

2. 现场技术管理

(1) 技术管理的任务

公路施工企业现场技术管理的基本任务主要包括：

1）利用技术规律科学的做好施工现场各项技术工作，建立正常的现场施工技术秩序，进行文明施工，保证质量和安全生产。

2）贯彻国家的有关技术政策和上级对技术工作的指示与决定。

3）认真组织施工现场的技术革新和技术改造，不断提高技术水平。

4）发展工厂化并努力提高现场机械化水平，提高劳动生产率。

5）提高施工工程的经济效益，降低工程成本，多快好省地完成施工任务。

(2) 技术管理的内容

施工企业技术管理可分为两大部分内容，即基础工作和业务工作。

1) 基础工作

为有效地进行技术管理，必须做好技术管理的基础工作。基础工作包括：技术标准与规程、技术责任制、技术档案、技术原始记录、技术情报工作等。

2) 业务工作

技术管理的业务工作，是技术管理中日常开展的各项业务活动。业务工作包括：施工技术准备工作（如图纸会审、编制施工组织设计、技术检验、技术交底等）、施工过程中的技术工作（如质量技术检查、技术核定、技术处理、技术措施等）和技术开发工作（如科学研究、技术改造、技术革新、技术培训、新技术试验等）。

(3) 技术管理制度

1) 图纸会审制度

图纸会审的目的是熟悉图纸、领会设计意图、明确技术要求，从而保证施工能够顺利进行。

图纸会审应由建设单位组织设计单位、施工单位以及监理单位参与进行。图纸会审的主要内容包括：

① 设计是否符合国家的有关政策和规定。

② 设计计算的假定条件和采用的处理方法是否切合实际，是否会影响安全施工。

③ 图纸及说明是否清楚、齐全、明确，图纸尺寸、标高、坐标及道路、管线等交叉连接是否相符。

④ 原地下管网位置与新图是否有矛盾，水文地质资料是否符合现场实际，构筑物是否配套，建成后效益如何。

⑤ 设计中提出的新技术、新材料、新结构及特殊工程质量要求实现的可能性及应采取的必要措施。

⑥ 研究各单位在图纸会审当中提出的其他问题及其解决办法和处理方法。

图纸会审后，组织会审单位应将会审中提出的问题和解决办法记录下来，写成正式文件。

2）材料检验、试验制度

材料检验、试验的目的是保证进入施工现场的材料、设备和构配件的质量符合设计要求，在施工之前消灭质量隐患，以确保工程质量和工序质量。

加强新材料、新构件检验工作的领导，要配齐人员，健全机构，充实试验仪器，提高试验工作质量。同时要抓好施工现场材料及试件的送检工作。

3）工程质量检查和验收制度

严格按照国家现行的质量验收规范进行，以确保工程施工质量符合设计要求。根据公路工程的特点分别对分部分项工程、隐蔽工程和竣工工程进行验收，从而保证工程质量。

4）技术交底

技术交底是指工程开工之前，由各级技术负责人将有关工程的各项技术要求逐级向下贯彻，直到施工现场。其目的是使参与施工任务的技术人员和工人明确所担负任务的特点、技术要求和施工工艺等，做到心中有数，顺利地完成施工任务。因此，技术交底是施工技术准备的必要环节。技术交底的内容包括：图纸交底；施工组织设计交底；设计变更和洽商交底以及分项工程技术交底等。

5）做好施工日志、技术档案收集与保管制度

施工员每天应全面如实地记录当天的施工情况，如：工

程的开、竣工日期及有关分部、分项工程部位的起止施工日期；质量、安全、机械事故的分析、处理记录；施工过程的重要会议记录；安全事故停工待料情况记录等。

3. 现场质量管理

（1）施工前的质量管理

施工前的质量管理也就是施工准备工作的质量控制，其主要内容包括：

1）建立施工现场质量保证体系，使现场质量目标和措施得到落实。

2）对影响现场质量的因素进行控制（含施工队伍、材料、机械、施工方案及保证质量措施等）。

3）审核开工报告书，准备工作完成后，经检查合格填写开工报告，经批准后方可开工。

（2）施工过程中的质量管理

1）施工工序的质量控制

工序质量的控制，就是对工序活动条件的质量控制和工序活动效果的质量控制，据此达到整个施工过程的质量控制。在进行工序质量管理时要着重于以下几方面的工作：

① 确定工序质量控制工作计划

一方面要求对不同的工序活动制定专门的保证质量的技术措施，做出物料投入及活动顺序的专门规定；另一方面须规定质量控制工作流程、质量检验制度等。

② 主动控制工序活动条件的质量

工序活动条件主要是指影响质量的五大因素，即人、材料、机械设备、方法和环境等。只要将这些因素切实有效地控制起来，使它们处于被控制状态，确保工序投入品的质量，避免发生系统性因素变异。

③ 及时检验工序活动效果的质量

必须加强质量检验工作，对质量状况进行综合统计与分析，及时掌握质量动态。一旦发生质量问题，随即研究处理，自始至终使工序活动效果的质量满足规范和标准要求。

④ 设置工序质量控制点（工序管理点），实行重点控制

质量控制点是为了保证工序质量而需要进行控制的重点或关键部位，或薄弱环节。强化控制，使工序处于良好的控制状况。质量控制点的涉及面较广，可根据工程特点，视其重要性、精确性、复杂性、质量要求和标准确定，可能是结构复杂的某一项工程，也可能是影响质量的关键的某一环节中的某一工序或若干工序，也可能是技术要求高、施工难度大的某一结构构件或分项、分部工程。总之，无论是操作、材料、机械设备、施工顺序、技术参数、工程环境、自然条件等均可作为质量控制来设置，主要依据对工程质量影响大小及危害程度而确定。对质量控制点，控制质量的一个行之有效方法，就是开展群众性的 QC 小组。对于高、大、难、急、险工程施工项目，项目经理部由于技术原因或管理的原因，难以解决质量控制点的质量控制问题的，要及时反馈给企业技术或管理部门，由企业总工程师牵头，组织跨项目经理部，跨职能部门，建立“联合活动类型” QC 小组开展质量控制活动，保证质量控制点质量达到控制要求。

工序质量控制主要包括两方面的控制，即对工序施工条件的控制和对工序施工效果的控制，如图 1-1 所示。

2）工序施工条件的控制

工序施工条件是指从事工序活动的各生产要素质量及生产环境条件。工序施工条件控制就是控制工序活动的各种投入要素质量和环境条件质量。控制的手段主要有：检查、测

试、试验、跟踪监督等。控制的依据主要是：设计质量标准、材料质量标准、机械设备技术性能标准、施工工艺标准以及操作规程等。

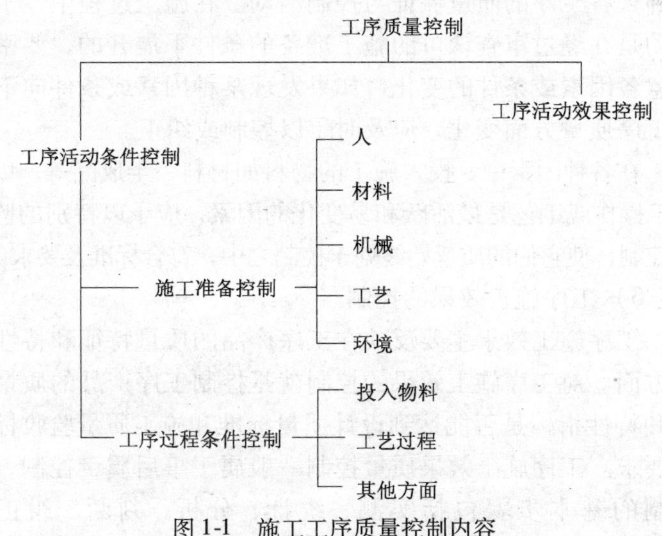

图 1-1　施工工序质量控制内容

工序施工条件的控制包括以下两个方面：

① 施工准备方面的控制

即在工序施工前，应对影响工序质量的因素或条件进行监控。要控制的内容一般包括：人的因素，如施工操作者和有关人员是否符合上岗要求；材料因素，如材料质量是否符合标准，是否能使用；施工机械设备的条件，如其规格、数量、性能是否满足要求，质量有无保障；采用的施工工艺及方法是否恰当，产品质量有无保证；施工的环境条件是否良好等。这些因素或条件应当符合规定的要求或保持良好状态。

② 施工过程中对工序活动条件的控制

对影响工序产品质量的各因素的控制不仅体现在开工前的施工准备中，而且还应当贯穿于整个施工过程中，包括各工种、各工序的质量保证与控制活动。在施工过程中，工序活动是在经过审查认可的施工准备的条件下展开的，要密切注意各因素或条件的变化，如果发现某种因素或条件向不利于工序质量方面变化，应及时予以控制或纠正。

在各种因素中，投入施工的物料如材料、半成品等，以及施工操作或工艺是最活跃和易变化的因素，应予以特别的监督与控制，使它们的质量始终处于控制之中，符合标准及要求。

3）工序施工效果的控制

工序施工效果主要反映在工序产品的质量特征和特性指标方面。对工序施工效果的控制就是控制工序产品的质量特征和特性指标是否能达到设计质量标准和施工质量验收标准的要求。工序施工效果质量控制一般属于事后质量控制，其控制的基本步骤包括实测、统计、分析、判断、纠正或认可。

① 实测

即采用必要的检测手段，对抽取的样品进行检验，测定其质量特性指标（例如混凝土的抗拉强度）。

② 分析

即对检测所得数据进行整理、分析、找出规律。

③ 判断

根据对数据分析的结果，判断该工序产品是否达到了规定的质量标准，如果未达到，应及时找出原因。

④ 纠正或认可

如果发现质量不符合规定标准，应采取措施纠正，如果质量符合要求则予以确认。

(3) 施工结束后的质量管理

施工结束后的质量管理主要包括下列内容:

1) 竣工预验收

这是工程顺利通过正式验收的有力措施。

2) 工程项目的正式验收

正式验收必须提交的技术资料及相关程序应按照国家现行有关质量验收规范办理。工程项目验收后,应办理竣工验收签证书。

4. 现场安全管理与文明施工

(1) 安全事故管理

1) 常见职工伤亡事故类型及处理

公路工程施工现场常见的职工伤亡事故类型有:物体打击、高处坠落、触电、坍塌事故、机械伤害等。

伤亡事故处理的程序一般为:

① 迅速抢救伤员并保护好事故现场。

② 组织调查组。

③ 勘察现场。

④ 分析事故原因,明确责任者。

⑤ 制定预防措施。

⑥ 提出处理意见,写出调查报告。

⑦ 事故的审定和结案。

⑧ 员工伤亡事故登记记录。

事故处理结案后,需保存的资料有:

① 职工伤亡事故登记表。

② 职工伤亡、重伤事故调查报告及批复。

③ 技术鉴定和试验报告。

④ 现场调查记录、图纸、照片。

⑤ 人证、物证材料。

⑥ 事故责任者自述材料。

⑦ 直接和间接经济损失材料。

⑧ 医疗部门对伤亡人员的诊断书。

⑨ 发生事故时操作情况、工艺条件和设计资料。

⑩ 有关事故的通报、简报及文件。

⑪注明参加调查组的人员名单、单位、职务。

2）事故的分级、报告和调查

① 事故分级

工程建设重大事故，系指在工程建设过程中由于责任过失造成工程倒塌或报废、机械设备毁坏和安全设施不当造成人身伤亡或者重大经济损失的事故，见表1-1。

工程建设重大事故的分级、报告和调查　　表1-1

类别		内容及说明
重大事故的分级	特别重大	具备下列条件之一者为特别重大事故 （1）死亡30人以上，或者100人以上重伤 （2）直接经济损失1亿元以上
	重大	具备下列条件之一者为重大事故 （1）死亡10人以上，30人以下，或者50人以上，10人以下重伤 （2）直接经济损失5000万元以上，1亿元以下
	较大	具备下列条件之一者为较大事故 （1）死亡3人以上10人以下，或者10人以上50人以下重伤 （2）直接经济损失1000万元以上，5000万元以下
	一般	具备下列条件之一者为一般事故 （1）死亡3人以下，或者10人以下重伤 （2）直接经济损失1000万元以下

② 事故报告

a. 事故发生后，事故现场有关人员应当立即向本单位负责人报告；单位负责人接到报告后，应当于 1h 内向事故发生地县级以上人民政府安全生产监督管理部门和负有安全生产监督管理职责的有关部门报告。

情况紧急时，事故现场有关人员可以直接向事故发生地县级以上人民政府安全生产监督管理部门和负有安全生产监督管理职责的有关部门报告。

b. 安全生产监督管理部门和负有安全生产监督管理职责的有关部门接到事故报告后，应当依照下列规定上报事故情况，并通知公安机关、劳动保障行政部门、工会和人民检察院：

(a) 特别重大事故、重大事故逐级上报至国务院安全生产监督管理部门和负有安全生产监督管理职责的有关部门；

(b) 较大事故逐级上报至省、自治区、直辖市人民政府安全生产监督管理部门和负有安全生产监督管理职责的有关部门；

(c) 一般事故上报至设区的市级人民政府安全生产监督管理部门和负有安全生产监督管理职责的有关部门。

安全生产监督管理部门和负有安全生产监督管理职责的有关部门依照前款规定上报事故情况，应当同时报告本级人民政府。国务院安全生产监督管理部门和负有安全生产监督管理职责的有关部门以及省级人民政府接到发生特别重大事故、重大事故的报告后，应当立即报告国务院。

必要时，安全生产监督管理部门和负有安全生产监督管理职责的有关部门可以越级上报事故情况。

c. 安全生产监督管理部门和负有安全生产监督管理职责

的有关部门逐级上报事故情况，每级上报的时间不得超过2h。

d. 报告事故应当包括下列内容：

(a) 事故发生单位概况；

(b) 事故发生的时间、地点以及事故现场情况；

(c) 事故的简要经过；

(d) 事故已经造成或者可能造成的伤亡人数（包括下落不明的人数）和初步估计的直接经济损失；

(e) 已经采取的措施；

(f) 其他应当报告的情况。

e. 事故报告后出现新情况的，应当及时补报。

自事故发生之日起30日内，事故造成的伤亡人数发生变化的，应当及时补报。道路交通事故、火灾事故自发生之日起7日内，事故造成的伤亡人数发生变化的，应当及时补报。

f. 事故发生单位负责人接到事故报告后，应当立即启动事故相应应急预案，或者采取有效措施，组织抢救，防止事故扩大，减少人员伤亡和财产损失。

g. 事故发生地有关地方人民政府、安全生产监督管理部门和负有安全生产监督管理职责的有关部门接到事故报告后，其负责人应当立即赶赴事故现场，组织事故救援。

h. 事故发生后，有关单位和人员应当妥善保护事故现场以及相关证据，任何单位和个人不得破坏事故现场、毁灭相关证据。

因抢救人员、防止事故扩大以及疏通交通等原因，需要移动事故现场物件的，应当做出标志，绘制现场简图并做出书面记录，妥善保存现场重要痕迹、物证。

i. 事故发生地公安机关根据事故的情况，对涉嫌犯罪的，应当依法立案侦查，采取强制措施和侦查措施。犯罪嫌疑人逃匿的，公安机关应当迅速追捕归案。

j. 安全生产监督管理部门和负有安全生产监督管理职责的有关部门应当建立值班制度，并向社会公布值班电话，受理事故报告和举报。

③ 事故调查

a. 特别重大事故由国务院或者国务院授权有关部门组织事故调查组进行调查。

重大事故、较大事故、一般事故分别由事故发生地省级人民政府、设区的市级人民政府、县级人民政府负责调查。省级人民政府、设区的市级人民政府、县级人民政府可以直接组织事故调查组进行调查，也可以授权或者委托有关部门组织事故调查组进行调查。

未造成人员伤亡的一般事故，县级人民政府也可以委托事故发生单位组织事故调查组进行调查。

b. 上级人民政府认为必要时，可以调查由下级人民政府负责调查的事故。

自事故发生之日起30日内（道路交通事故、火灾事故自发生之日起7日内），因事故伤亡人数变化导致事故等级发生变化，依照规定应当由上级人民政府负责调查的，上级人民政府可以另行组织事故调查组进行调查。

c. 特别重大事故以下等级事故，事故发生地与事故发生单位不在同一个县级以上行政区域的，由事故发生地人民政府负责调查，事故发生单位所在地人民政府应当派人参加。

d. 事故调查组的组成应当遵循精简、效能的原则。

根据事故的具体情况，事故调查组由有关人民政府、安全生产监督管理部门、负有安全生产监督管理职责的有关部门、监察机关、公安机关以及工会派人组成，并应当邀请人民检察院派人参加。

事故调查组可以聘请有关专家参与调查。

e. 事故调查组成员应当具有事故调查所需要的知识和专长，并与所调查的事故没有直接利害关系。

f. 事故调查组组长由负责事故调查的人民政府指定。事故调查组组长主持事故调查组的工作。

g. 事故调查组履行下列职责：

（a）查明事故发生的经过、原因、人员伤亡情况及直接经济损失；

（b）认定事故的性质和事故责任；

（c）提出对事故责任者的处理建议；

（d）总结事故教训，提出防范和整改措施；

（e）提交事故调查报告。

h. 事故调查组有权向有关单位和个人了解与事故有关的情况，并要求其提供相关文件、资料，有关单位和个人不得拒绝。

事故发生单位的负责人和有关人员在事故调查期间不得擅离职守，并应当随时接受事故调查组的询问，如实提供有关情况。

事故调查中发现涉嫌犯罪的，事故调查组应当及时将有关材料或者其复印件移交司法机关处理。

i. 事故调查中需要进行技术鉴定的，事故调查组应当委托具有国家规定资质的单位进行技术鉴定。必要时，事故调查组可以直接组织专家进行技术鉴定。技术鉴定所需时间不计入事故调查期限。

j. 事故调查组成员在事故调查工作中应当诚信公正、恪尽职守，遵守事故调查组的纪律，保守事故调查的秘密。

未经事故调查组组长允许，事故调查组成员不得擅自发布有关事故的信息。

k. 事故调查组应当自事故发生之日起60日内提交事故调查报告；特殊情况下，经负责事故调查的人民政府批准，提交事故调查报告的期限可以适当延长，但延长的期限最长不超过60日。

l. 事故调查报告应当包括下列内容：

（a）事故发生单位概况；

（b）事故发生经过和事故救援情况；

（c）事故造成的人员伤亡和直接经济损失；

（d）事故发生的原因和事故性质；

（e）事故责任的认定以及对事故责任者的处理建议；

（f）事故防范和整改措施。

事故调查报告应当附具有关证据材料。事故调查组成员应当在事故调查报告上签名。

m. 事故调查报告报送负责事故调查的人民政府后，事故调查工作即告结束。事故调查的有关资料应当归档保存。

④ 事故处理

a. 重大事故、较大事故、一般事故，负责事故调查的人民政府应当自收到事故调查报告之日起15日内做出批复；特别重大事故，30日内做出批复，特殊情况下，批复时间可以适当延长，但延长的时间最长不超过30日。

有关机关应当按照人民政府的批复，依照法律、行政法规规定的权限和程序，对事故发生单位和有关人员进行行政处罚，对负有事故责任的国家工作人员进行处分。

事故发生单位应当按照负责事故调查的人民政府的批复，对本单位负有事故责任的人员进行处理。

负有事故责任的人员涉嫌犯罪的，依法追究刑事责任。

b. 事故发生单位应当认真吸取事故教训，落实防范和整改措施，防止事故再次发生。防范和整改措施的落实情况应当接受工会和职工的监督。

安全生产监督管理部门和负有安全生产监督管理职责的有关部门应当对事故发生单位落实防范和整改措施的情况进行监督检查。

c. 事故处理的情况由负责事故调查的人民政府或者其授权的有关部门、机构向社会公布，依法应当保密的除外。

（2）施工现场文明施工

文明施工是指保持施工场地整洁、卫生，施工组织科学，施工程序合理的一种施工活动。文明施工主要包括以下几个方面的工作：

① 规范施工现场的场容场貌，保持作业环境的整洁卫生；

② 科学组织施工，使生产有序进行；

③ 减少噪声、废弃物和排放物等对周围环境和居民的影响；

④ 保证职工的安全和身体健康。

1）现场文明施工基本要求

实现文明施工，不仅要着重做好现场的管理工作，而且还要相应做好现场材料、机械、技术、安全、保卫、消防和生活卫生等方面的管理工作，一个工地的文明施工水平是工地乃至所在企业各项管理工作水平的综合体现。

① 对现场场容管理方面的要求

a. 工地主要入口要设置简朴规整的大门，门旁必须设立明显的标牌，标明工程名称、施工单位和工程负责人姓名等内容。

b. 建立文明施工责任制，划分区域，明确管理负责人，实行挂牌制，做到现场清洁整齐。

c. 施工现场场地平整，道路坚实畅通，有排水措施，基础、地下管道施工完后要及时回填平整，清除积土。

d. 施工现场的临时设施，包括办公、生产、生活用房、料场、仓库、临时上下水管道以及照明、动力线路，要严格按施工组织设计确定的施工平面布置图搭设、布置或埋设整齐。

e. 现场施工临时水电要有专人管理，不得有长流水、长明灯。

f. 工人操作地点和周围必须清洁、整齐，做到活完脚下清，工完场地清，要及时清除丢洒在楼板、楼梯上的砂浆混凝土，落地灰要回收过筛后使用。

g. 砂浆、混凝土在搅拌、使用、运输过程中，要做到不洒、不剩、不漏，使用地点盛放砂浆、混凝土必须有垫板或容器，如果有洒、漏要及时清理。

h. 要有严格的成品保护措施，严禁损坏污染成品，堵塞管道。高层建筑要设置临时便桶，严禁在建筑物内大小便。

i. 施工现场不准乱堆余物及垃圾。应在适当地点设置临时堆放点，并定期外运。清运垃圾渣土及流体物品，要采取遮盖防漏措施，不得遗撒在运送途中。

j. 建筑物内清除的垃圾渣土，要利用电梯井或通过临时搭设的竖井或采取其他措施稳妥下卸，严禁从门窗口向外抛掷。

k. 根据工程性质和所在地区的不同情况，采取适当的围护和遮挡措施，并保持外观整洁。

l. 针对施工现场情况设置宣传标语和黑板报，并适时更换内容，切实起到鼓舞士气、表扬先进的作用。

m. 施工现场严禁居住家属，严禁居民、家属、小孩在施工现场穿行、玩耍。

② 对现场机械管理方面的要求

a. 现场使用的机械设备，要按平面布置规划固定点存放，遵守机械安全规程，要使机身及周围环境经常保持清洁，机械的编号、标记明显，安全装置可靠。

b. 在用的砂浆机、搅拌机旁必须设有沉淀池，不得将浆水直接排放河流及下水道等处。

c. 清洗机械排出的污水要有排放措施，不得随地流淌。

d. 塔吊轨道按规定铺设整齐稳固，要封闭塔边，道砟不外溢，保持路基内外排水畅通。

总之，要从安全防护、用电安全、机械安全、保卫消防、现场管理、料具管理、环境卫生、环境保护八个方面进行定期检查。每个方面的检查都有现场状况、管理资料和职工应知三个方面的内容。

③ 施工现场安全色标管理

a. 安全色

安全色是传递安全信息含义的颜色，用来表示警告、禁止、指示、指令等，其作用在于使人们能迅速发现或分辨安全标志，提醒人们注意，防止事故发生。

(a) 红色

传递禁止、停止、危险或提示消防设备、设施的信息。

(b) 蓝色

传递必须遵守规定的指令性信息。

(c) 黄色

传递注意、警告的信息。

(d) 绿色

传递安全的提示性信息。

b. 安全标志

正确使用安全警示标志是施工现场安全管理的重要内容。

安全标志是指在操作人员容易产生错误而造成事故危险的场所，为了确保安全，提醒操作人员注意所采取的一种特殊标志。设置安全标志的目的，是为了引起人们对不安全因素的注意，预防事故的发生。但安全标志不能代替安全操作规程和保护措施。根据国家的有关标准，安全标志应由图形符号、安全色、几何形状（边框）或文字构成。

(a) 禁止标志

禁止标志是禁止人们不安全行为的图形标志（图形为黑色，禁止符号与文字底色为红色）。

(b) 警告标志

警告标志是提醒人们对周围环境引起注意，以避免可能发生危险的图形标志（图形警告符号及字体为黑色，图形底色为黄色）。

(c) 指令标志

指令标志是强制人们必须做出某种动作或采用防范措施的图形标志（图形为白色，指令标志底色均为蓝色）。

(d) 提示标志

提示标志是向人们提供某种信息（如标明安全设施或场所等）的图形标志（消防提示标志的底色为绿色，文字、图形为白色）。

2）文明施工的组织与管理

① 组织和制度管理

a. 施工现场应成立以项目经理为第一责任人的文明施工管理组织。分包单位应服从总包单位的文明施工管理组织的统一管理，并接受监督检查。

b. 各项施工现场管理制度应有文明施工的规定。包括经济责任制、个人岗位责任制、安全检查制度、持证上岗制度、竞赛制度、奖惩制度和各项专业管理制度等。

c. 加强和落实现场文明检查、考核及奖惩管理，以促进施工文明管理工作提高。检查范围和内容应全面周到，包括生产区、生活区、环境文明、场容场貌及制度落实等内容。检查发现的问题应采取整改措施。

② 建立收集文明施工的资料及其保存的措施

a. 上级关于文明施工的法律法规、标准、规定等资料。

b. 施工组织设计（方案）中对文明施工的管理规定，各阶段施工现场文明施工的措施。

c. 文明施工教育、培训、考核计划的资料。

d. 文明施工自检资料。

e. 文明施工活动各项记录资料。

③ 加强文明施工的宣传和教育

a. 在坚持岗位练兵基础上，要采取派出去、请进来、短期培训、上技术课、广播、登黑板报、看电视、看录像等方法狠抓教育工作。

b. 专业管理人员应熟悉掌握文明施工的规定。

c. 要特别注意对临时工的岗前教育。

3）施工现场特殊情况的处理

① 征用临时道路、架设临时电网及施工必需的封路、

停水、停电

a. 建设工程施工应当在批准的施工场地内组织进行。需要临时占用道路或者临时征用施工场地的，应当依法办理有关批准手续。

b. 建设工程施工中需要架设临时电网、移动电缆等，施工单位应当向有关主管部门提出申请，经批准后在有关专业技术人员指导下进行。

c. 施工中需要封路、停水、停电而影响到施工现场周围地区的单位和居民时，必须经有关主管部门批准，并事先通告受影响的单位和居民。

② 发现文物、化石等特殊物品

施工单位进行地下或者基础工程施工时，发现文物、古化石、电缆、爆炸物等应当暂停施工，保护好现场，并及时上报有关部门，在按照有关规定处理后，方可继续施工。

③ 爆破作业

建设工程施工中需要进行爆破作业的，必须经上级主管部门审查同意，并持说明使用爆破器材的地点、品名、用途、数量、四邻距离的文件和安全操作规程，向所在地县、市公安局申请《爆破物品使用许可证》，方可使用。进行爆破作业时，必须遵守爆破安全规程。

第2章 道路工程

第1节 路基工程

【禁忌1】高填土下沉

【分析】

高填、深填、半填半挖、立交桥互通匝道填方或桥头引道高填土，往往会在通车一段时间后下沉，究其原因，一方面在于材料因素，如最佳含水量及最大干容重有误、材料压缩系数过大、采用高塑性指数的黏性土等；另一方面在于施工因素，如分层过厚、压实控制不好、冬期施工措施不当等，均会出现此问题，它会使路面变形、开裂或下陷。

【措施】

在工程中宜采用下列措施予以控制：

1. 按试验路路基填土厚度的90%来控制规模施工时的填土厚度，按路面平行线分层来控制填土标高。

2. 在新旧填土的衔接处，严格控制填土接茬台阶的最小长度，以避免接茬处超厚，压实不足。

3. 防止漏夯或夯实不足，严禁超厚填土。

4. 冬期施工时应使土在未受冻的情况下回填压实，防止填土压实密度严重不均匀而导致土体下沉。

5. 在机械难以压实的地方，用适当的小型机具进行补充夯实。

6. 回填几种土时，不能只用某一种土的击实试验得出的密度标准作为所有填土的压实度标准，而应按填土的不同类别，做若干组相应土的击实试验，取值应符合相应规定。

【禁忌2】路基承载力不足

【分析】

造成路基承载力不足的原因如下：

1. 地基处理不当，承载力不足。

2. 路基填料不符合要求。

3. 压实度不足。

【措施】

1. 选择强度高的路基填料

（1）填方路基应优先选用级配较好的砾类土、砂类土等粗粒土作为填料，填料最大粒径应小于150mm。

（2）泥炭、淤泥、冻土、强膨胀土、有机质土及易溶盐超过允许含量的土等，不得直接用于填筑路基。冰冻地区上路床及浸水部分的路堤不应直接采用粉质土填筑。

（3）当采用细粒土填筑时，路堤填料最小强度应符合表2-1的规定。

路堤填料最小强度要求　　　　表2-1

项目分类	路面底面以下深度/m	填料最小强度（CBR）（%）		
		高速公路、一级公路	二级公路	三、四级公路
上路堤	0.8～1.5	4	3	3
下路堤	1.5以下	3	2	2

注：1. 当路基填料CBR值达不到表列要求时，可掺石灰或其他稳定材料处理。

2. 当三、四级公路铺筑沥青混凝土和水泥混凝土路面时，应采用二级公路的规定值。

（4）液限大于50%、塑性指数大于26的细粒土，不得直接作为路堤填料。

（5）浸水路堤应选用渗水性良好的材料填筑。当采用细砂、粉砂作填料时，应考虑振动液化的影响。

（6）桥涵台背和挡土墙墙背应优先选用渗水性良好的填料。在渗水材料缺乏的地区，采用细粒土填筑时，宜用石灰、水泥、粉煤灰等有机结合料进行处治。

2. 提高路基各压实区的压实度

路堤应分层铺筑，均匀压实。压实度应符合表2-2的规定。

路堤压实度 **表2-2**

填挖类型	路面底面以下深度/m	压实度（%）		
		高速公路、一级公路	二级公路	三、四级公路
上路堤	0.8～1.5	≥94	≥94	≥93
下路堤	1.5以下	≥93	≥92	≥90

注：1. 表列压实度系按《公路土工试验规程》（JTJ 051）中重型击实试验法求得的最大干密度的压实度。
2. 当三、四级公路铺筑沥青混凝土和水泥混凝土路面时，应采用二级公路的规定值。
3. 路堤采用特殊填料或处于特殊气候地区时，压实度标准可根据试验路的状况在保证路基强度要求的前提下适当降低。

【禁忌3】路基沉陷

【分析】

1. 原地表（地基）处理不好。有软弱层，空穴成腐殖物，使填筑路基没有坚实的基底，遇水或荷载后导致路基沉陷。

2. 填方路基在原坡形地基结合处没有挖好台阶，致使其在遇水或自重作用下发生滑移，导致开裂、沉陷。

3. 压实过程中压实功不够，导致其密实度不够，在长期及反复荷载作用下，土体趋于密实或发生破坏而产生沉陷（由于填料分层过厚，填料中超粒径现象严重，未在最佳含水量时碾压及碾压遍数不够等造成）。

4. 水的侵害。水是路基最大的危害。在施工中或施工后未及时做好排水、防水工程，导致路基浸泡，路基土结构变化，强度降低，导致沉陷。

5. 填料中有害成分超标（或挖方段土质内有害成分超标），填料不合格或挖方段未换填、隔断，导致盐胀开裂及沉陷。

6. 填料中粗细集料不均匀，尤其是粗集料少，未形成骨架密实结构，整体强度差。在荷载作用下产生松散、推移、坑槽。

7. 由于设计或施工造成人为排水不良而导致路基沉陷。

【措施】

1. 从设计和施工都要认真考虑路基排水的问题，尤其是在施工中，要对设计提出优化，如边沟、涵洞的位置、长度、大小等，使其排水通畅，并远离路基。

2. 从源头抓起，对于路基有害的泥炭、淤泥、软弱千枚岩等一定要清除干净，换填合格填料。

3. 在填筑路基前，一定要对较陡的地形开挖台阶，台阶不能过窄，且必须碾压密实，以免填方路基滑移开裂。

4. 对路基填料一定要严格控制，认真做好标准击实及易溶盐试验，坚决不用不符合要求的填料。

5. 选择填料时使其粗集料含量在50% ~70%之间，以求形成最佳层体结构。

6. 施工中一定要规范施工。严格控制层厚不超过30cm，认真清除超粒径石头，使填料在最佳含水量状态下碾压。采用大吨位振动压路机保证压实功率，达到规定的压实度。

【禁忌4】填方路堤施工后沉降迅速或不均匀沉陷，路基出现裂缝和错台

【分析】

1. 设计方面

（1）地质勘测资料不全，尤其是一些需要进行地基处理的原沟塘地段没有勘察清楚，对横向地层分布情况静力触探布点不足或钻孔较少，设计依据不充分。

（2）设计拟采取的软基处理方法不当，设计处理深度不够，处理效果不明显。

（3）软土地基处理设计不设渐变段导致处理路段与非处理路段的交界处形成沉降突变。

（4）软土地基路段高填土路基未按规范规定设置反压护道或反压护道宽度不足，造成运营过程及填筑过程中产生较大的地面侧向变形，强度降低甚至导致滑动破坏。

（5）等载或超载预压路段预压期预计不足。

（6）高填土路段，尤其是严重缺土路段，对填料的调查选择不周到，未能列明设计取土坑沿深度方向土质变化，导致施工中不同土类的填料混填或分段填筑，且由于不同土类的抗水性能和可压缩性的变异，形成不均匀沉降。

（7）高填土路堤设置的暗埋式通道设计长度不足，不能满足超宽碾压要求。

（8）路基排水设计不完善。

2. 施工方面

(1) 软基处理未达到设计深度，原材料进场未按产品质量要求严格检验，导致处理效果达不到设计要求。

(2) 软土地基路段路堤填土速度过快。

(3) 使用不适宜的填料又未采取相应的改良措施或措施不到位。

(4) 不同土类的填料混填或分段填筑形成抗水性、压缩性的变异。

(5) 填挖交界或分段填筑或非全宽填筑时交接面未作妥善处置形成沉降差。

(6) 路堤填料含水量控制不严，填土压实度达不到要求。

(7) 施工中不注意路基排水，遇雨浸泡路基，后续施工中又未能及时复压。

(8) 分层填土未经初步找平，压实不均匀。

(9) 分层填土碾压时压实层厚度偏厚，压实质量差。

(10) 施工检测取样未按规程操作，实测压实度存在虚假现象。

(11) 粗粒土或巨粒土中所含漂石粒径过大难以压实均匀。

(12) 高塑性黏性土填筑路堤工序不连续，导致施工后压实度下降。

(13) 特殊地区的路基施工未按规范操作。

【措施】

1. 设计方面

(1) 对路线经过的地形、地貌、水文地质条件应进行详细勘查，尤其对特殊路基的设计提供的资料必须翔实。

（2）软土地基处理设计。必须根据不同的路堤高度（折算成附加荷载），不同的软土层厚、埋深和土性，分段计算分析在天然地基状态下的稳定与沉降情况。经过多方案比选进行计算分析，确定满足稳定和施工后沉降标准要求的方案。软土地基处理设计必须设置渐变段以避免路基沉降突变，渐变段的设计应按特殊设计要求进行，并需对侧向变形作出考虑。

（3）基底设计。为便于实行填前压实，如果遇到地表湿软，设计可考虑换土或掺水泥、石灰或铺设土工布等措施；常年积水或地下水位高的路段，除了需要完善降、排水设施外还宜设置隔水层（如用碎石、砂砾等渗水材料）。

（4）路基填料的采用应对拟定取土坑或借土料场沿深度方向的土层分布、土性、含水量进行调查，并列表说明，以免不同土性填料的混填或分段填筑。避免使用不宜于填筑路堤的填料，当确有困难时必须提出改性措施及技术质量指标，但不能用于易产生稳定问题和下沉等敏感的部位。

（5）减少黏性土路堤结构的压缩变形，在采用掺灰处理的基础上可再掺加少量水泥（掺灰剂量宜适当调整），设计工艺上采用先掺灰（提倡采用生石灰粉）改良土性再掺水泥进一步改良土性以提高路堤结构刚度。

（6）填土路堤设计应考虑采用土肩及边坡防护或将水用急流槽引离路堤，保证高填土路堤边坡稳定，护坡道的宽度应依照有无软土地基、填料的性质、取用的边坡坡率进行综合设计。

2. 施工方面

（1）施工单位必须根据交通部有关施工规范、规程、工程质量检验评定标准及建设单位招标文件要求，编制施工组织设计，提出自检要求，对施工全过程实施有效的质量控制和管理。在交工验收时，施工单位应提交真实完整的施工原始记录、分项工程自检数据、试验检测数据等质量保证资料。

（2）对于地下水的埋置深度和地面水对填方路基的稳定性及施工影响，施工前应根据设计进行补充调查，并采取相应的疏水、隔水措施。

（3）地基处理要点

1）施工顺序：无论何种处理方法，都应按设计要求先开沟排水，再清表整平原地面，做好填前压实，并整出一定的横坡度。设计竖向排水体处理的地基，应在铺设下半层砂或砂砾垫层后，才能打设排水体。排水体的顶端应按设计预留一定的长度（30cm 左右），最后再铺设上半层砂或砂砾层。设计采用复合地基处理的地基，应在整平原地面后，采用轻型碾压机械适当碾压，使之符合规范和设计要求后，再作地基处理。沟塘必须在清淤换填分层碾压至相邻地面高程后，方可进行地基处理。

2）所有材料用于地基处理时，都必须按规范和设计要求的质量指标采购、堆放和使用。

3）保证施工质量的措施要求

采用塑料排水板处理软基时，其机械设备性能应符合接地压力与处理地基的承载力相适应；打设塑料排水板严禁出现断裂、扭结和撕破滤膜等现象。剪断板体时，外露要预留足够的长度。施工中，应按设计要求严格控制板体的打设标高。铺设土工织物时，要求做到绷拉无皱折。

处理挤密碎石桩时，需采用 DE40-60 系列管式振动沉桩机，内置平底活页式桩尖，桩管直径一般为 377mm 或 426mm，并设有二次投料口，最大沉桩深度能达到 20m。施工顺序从四周开始向中心进行，相邻两根桩必须跳跃间打。施工过程中，桩管带出的泥土应及时挖除，孔口泥土不得掉入孔口。施工中应记录沉桩深度、制桩时间、反插次数、每次碎石灌入量等，并按规定作质量自检记录，施工中如果发现土层有较大变化，沉桩速度或投料量异常应立即停工，并向监理报告。

处理水泥搅拌桩时，其施工机械应按水泥喷入的形态（即湿喷法或粉喷法），采用不同的施工机械组合。采用粉喷法，其粉体发送器必须配有粉料计量装置，并准确记录水泥的瞬时喷入量和累计喷入量，施工前应先以实际使用的水泥，进行室内配方试验，符合设计要求后应进行不少于5根的成桩工艺试验，取得满足设计喷入量的钻进速度、搅拌速度、提升速度、单位时间喷灰量、喷气压力等技术参数；确定搅拌的均匀性；掌握下钻桩提升的阻力情况，选择合理的技术措施；根据地层、地质情况确定复喷范围。复搅深度必须保证大于6m，粉喷桩的检测可采用钻芯取样或静力触探试验法。

（4）路堤填筑要点

1）路堤填筑与速率控制。地基处理完成后，应适时进行路堤填筑。对于水泥搅拌桩处理的地基，应在一个月后填筑；对于竖向排水体处理地基完成后，即可填筑。其填筑速率要动态控制，当日水平位移不大于3mm/d，变形量沉降不大于10mm/d时，一般可以正常填筑；如果日变形（位移和沉降）陡增，就必须增加测量次数，分析原因，并及时采取必要的措施（如停止加载或减缓填土速率或卸载等）。

2）堆载预压与沉降补方。堆载预压时间越长，工后沉降就越小。因此，对有预压要求的路段，在施工中应尽量早地安排堆载。堆载顶面要平整密实有横坡。沉降后应及时补方，一次补方厚度不应超过一层填筑的厚度，并适当压实。施工单位每月均应测定沉降量，并向监理报告一次。严禁在预压期不补填，而在预压后期，或在路面施工时一次补填的做法，防止引起发生过大的沉降。

3）填筑宽度，应按设计施工坡率超宽碾压要求控制。摊铺厚度，要拉线控制，并经常检查。

4）位移观测。对于路堤施工的安全稳定，位移的观测比沉降观测更重要。施工时必须按规定埋设位移观测桩，并坚持正常观测记录。

（5）细粒土（含黏性土、粉土等）易受气温及降雨等的综合影响，在施工组织设计中应合理安排工期，组织连续施工，过冬要注意覆盖，雨后必须复压，后续施工前必须复验。

（6）应针对粉性土在填筑过程中的稳定性（如雨水冲刷等）进行分析并采取临时排水措施。

（7）路基施工过程应针对不同性质的填料及碾压工具性能选用不同的压实厚度，如轻型钢轮压路机适用于各种填料的预压整平；重型钢轮压路机适用于砂类土、砾石土和细粒土；重型轮胎压路机适用于各类土，尤其是细粒土；振动压路机则宜于用作砂类土、砾（碎）石土和巨粒土，如果用于细粒土的碾压则效果相对较差；羊足碾则需与钢轮压路机配合使用，对细粒土的压实效果较佳。

（8）填料的含水量对压实效果影响极大，施工前应根据标准击实试验取得的数据，按照施工气候条件及试压结果作出适量调整。

（9）处理过湿黏性土时推荐使用生石灰粉代替块灰改良土性，另掺2%～3%的水泥（需由试验确定，可适当调整石灰掺量）以增加压实层的早期强度和刚度，减少压缩沉降。

（10）对采用巨粒或粗粒土填筑路基时应根据压实机械的性能合理确定分层压实厚度，并需对最大粒径加以控制，一般路床下层最大粒径以不大于压实层厚的2/3为宜，超过限定粒径的巨粒料应在出料场前先加以剔除，路床最上层应控制粒径小于10cm，以利于控制路床顶面的平整度。

【禁忌5】路基压实度不够

【分析】

造成路基压实度不够的原因如下：

1. 碾压遍数不够或碾压不均匀，局部漏压。
2. 含水量偏离，最佳含水量超过规定值。
3. 松铺厚度过大。
4. 压路机质量偏小。

【措施】

为避免路基压实度不够，施工中应采取下列措施：

1. 确保压路机的质量及碾压遍数符合规定。
2. 采用振动压路机配合三轮压路机碾压，保证碾压均匀。
3. 路基土应在最佳含水量时进行碾压。
4. 压路机应进退有序，前后应有重叠。

【禁忌6】路基积水严重

【分析】

造成路基积水严重的原因如下：

1. 路基碾压表面不平整，表面凹凸不平。
2. 路基表面修整不合格，横坡不到位或出现倒坡。

【措施】

为避免路基积水严重，施工中应采取下列措施：

1. 路基压实前应按要求进行整平。

2. 路基表面应按要求设2%~4%的横坡。

【禁忌7】压实层表面松散

【分析】

造成压实层表面松散的原因如下：

1. 施工路段偏长，现场拌合、粉碎和压实机具不足。

2. 粉碎、拌合后未及时碾压表层失水过多。

3. 压实层土的含水量低于最佳含水量过多。

【措施】

为避免压实层表面松散，施工中应采取下列措施：

1. 适当洒水后重新进行拌合碾压。

2. 确保压实层土的含水量与最佳含水量差在规定范围内。

【禁忌8】路基表面网状裂缝

【分析】

造成路基表面网状裂缝的原因如下：

1. 土的塑性指数偏高或为膨胀土。

2. 碾压时含水量偏大，且未能及时覆土。

3. 压实后养护不到位，表面失水过多。

【措施】

为避免路基表面网状裂缝，施工中应采取下列措施：

1. 采取掺灰处理，或采用合格的填料。

2. 选用符合规范要求的土料填筑路基，确保压实层的含水量与最佳含水量相接近。

3. 为防止表面水分过分损失，应加强养护。

4. 认真进行施工组织安排。

【禁忌 9】路基表面起皮

【分析】

造成路基表面起皮的原因如下：

1. 压实层土失水过多且含水量不均匀。

2. 为调整高程而贴补薄层。

3. 碾压机具不足，碾压不及时，未配置胶轮压路机。

【措施】

为避免路基表面起皮，施工中应采取下列措施：

1. 确保压实层土的含水量均匀且与最佳含水量差在规定范围内。

2. 认真进行施工组织计划，配备足够合适的机具确保碾压及时、翻晒均匀。

【禁忌 10】路基压实度超密

【分析】

造成路基压实度超密的原因如下：

1. 未认真进行标准击实试验，最大干密度误差较大。

2. 路基填料不均匀。

3. 采用重型压实机械，压实功偏大。

【措施】

为避免路基压实度超密，施工中应采取下列措施：

1. 在取土坑取具有代表性的土样认真进行标准击实试验，并且要求不同土样应分别进行试验以便较为精确的确定最大干密度。

2. 选择均匀的填料。

3. 合理调整压实机具功效，杜绝了路基压实度超密的问题。

【禁忌11】路基灰土灰剂量不均

【分析】

造成路基灰土灰剂量不均的原因如下：

1. 高塑性黏土粉碎不好、砂化不充分。

2. 路基掺灰未按工艺要求划格撒灰。

3. 拌合不均匀。

【措施】

为避免路基灰土灰剂量不均，施工中应采取下列措施：

1. 液限较大黏性土应充分砂化。

2. 要求施工单位严格按掺灰路基的施工工艺进行撒灰。

3. 采用稳定土拌合机进行充分拌合，确保路基掺灰的均匀性。

【禁忌12】路基灰土剂量不足

【分析】

造成路基灰土剂量不足的原因如下：

1. 施工单位偷工减料，未按规定打格撒灰。

2. 石灰堆放时间过长，或拌合碾压不及时。

3. 堆放时间较长的石灰未覆盖。

【措施】

为避免路基灰土剂量不足，施工中应采取下列措施：

1. 确保石灰的掺量。

2. 石灰消解后要在 7 ~ 10d 内及时用完。

3. 堆放时间过长的石灰，应事先用土或彩条布覆盖，使用前重新测定其有效钙镁含量，必要时重新调整掺灰剂量。

【禁忌13】 路基边缘压实度不足

【分析】

造成路基边缘压实度不足的原因如下：

1. 路基填筑宽度不足，未按超宽填筑要求施工。

2. 压实机具未走到边缘。

3. 路基边缘漏压或压实遍数不够。

4. 采用三轮压路机碾压时，边缘带（0~75cm）碾压频率低于行车带。

【措施】

为避免路基边缘压实度不足，施工中应采取下列措施：

1. 路基施工应按实际的要求进行超宽填筑。

2. 控制碾压工艺，压路机一定要行驶到路基边缘。

3. 认真控制碾压顺序，确保轮迹重叠宽度和段落搭接超压长度。

4. 提高路基边缘带压实遍数，确保边缘带碾压频率不低于行车带。

5. 校正坡脚线位置，路基填筑宽度不足时，返工至满足规范和设计要求（注意：亏坡补宽时应开蹬填筑，严禁贴坡），控制碾压遍数和碾压顺序。

【禁忌14】 零填方地段的压实度不足

【分析】

路基零填方概念不清，层位和施工范围确定有误，压实不均，控制标准和施工方法不当。

【措施】

1. 路基工程零填方经常出现，关键是精心施工。如果零填方的前或后、左或右均为填方段，则该段应留出与毗连的挖方段的足够的横向碾压宽度或纵向碾压长度；相应的挖方段应开蹬碾压，该碾压段应与填方段处于同一标高的碾压段内，即填挖交界同期同时碾压，可确保零填方处的压实度，有效避免沉降差异。

2. 零填方及路床、路堑的压实度，应符合表 2-2 的规定。

3. 当路堑、零填路基的路床表面以下 30cm 内的原状土，其土质符合表 2-1 的填料要求，但其干密度不符合表2-2的规定时，应将路床表层原状土翻松后进行压实，其压实度须符合表 2-2 的规定。

4. 当路堑、零填路基的路床表面 30cm 内为换填土，其土质符合表 2-1 的填料要求时，应进行压实，其压实度须符合表 2-2 的规定；换填超过 30cm 时，应按表 2-2 所列数值乘以 90%。

5. 对已出现沉降差异的路段进行返工处理，查清原因，正确确定施工层位和范围，严格按设计要求进行施工。

【禁忌 15】路基填筑过程翻浆

【分析】

1. 当填土为黏性土，含水量过大，而又无法散发水分，在这种情况下进行压实，就会产生翻浆。

2. 下卧层比较软弱，含水量过大，在其上层碾压过程中，下层产生翻浆将会反映到上层翻浆，或者下层水分通过毛细作用，渗入上层路基，使上层路基土的含水量增加，引起翻浆。

3. 填料的性质决定了路基的填筑质量，如黏性土、粉性土属冻胀性较强的土，这种土最容易产生翻浆。

4. 施工时过度的碾压，使填土颗粒之间空隙减小，水膜增厚，抗剪力减小，引起翻浆。

5. 影响翻浆的主要因数有：气候、土质、水分、行车与养护等。

【措施】

1. 挖换土壤

把翻浆路段上的土挖出来，换填厚度为 40 ~ 60cm 的砂性土，压实后重铺路面，本法适用于翻浆较严重路段。

2. 换铺粒料

把翻浆路段上的稀泥挖除，填以碎砖、碎石或炉渣等粒料，表面整平后直接通车，或在下面填一层水稳性较好的干土，再铺上粒料，垫平后通车。本法也适用于翻浆较严重的路段。

3. 提高路基

根据实际情况加高路基，使路基上部土层远离地表积水或地下水。路基加高的数值，应根据当地冻土深度、水文情况和路基土质，以路基最小填土高度或临界高度的方法确定，以保证路基处于干燥状态。本法适用于平原区的土路和其他地区取土较易的路段。

4. 挖换石灰土

在翻浆已破坏的土路上，可在该路段上铺撒适量的石灰，并用木榔头或木棍捣夯，使石灰渗入路基中，形成灰土路基，提高路基的水稳性；或在翻浆严重路段，待翻浆结束后可在原路面上，加铺厚度为 20 ~ 25cm 的石灰土，再重铺路面，石灰土用 6% ~8% 的石灰剂量（质量比）。

如果翻浆十分严重，在短期内不能修好，除积极选用以上方法处治外，可开辟临时便道维持通车。

5. 设置不透水隔离层

用 2～3 层油毛毡做成隔离层，用经过沥青结合料处理的土做成厚度为 2～3cm 的不透水隔离层；用不易老化的塑料薄膜，铺在路基全宽上，做成贯通式或只到路面边缘 50～60cm 处的不贯通式隔离层。

6. 增设排水设施

为了不让地下水大量上升到路基上部土层，可设法降低地下水，常用下列几种方法。

（1）修盲沟

一般在路肩上设横向盲沟，每隔 5～6m 设置一道，沟底宜做成 4%～5% 的纵坡。如果地下水位高，可在边沟底下设置纵向盲沟，其深度应根据当地土质、毛细作用高度及降低水位多少而定。盲沟应用渗水良好的碎（砾）石填充。

（2）修建管式渗沟

如图 2-1 所示，在路基两旁的边沟底上，向下挖一道深沟，比现有的地下水位再深一些。在沟底安放四周带孔的瓦管（或水泥混凝土管），管上填满碎砖、碎石或小砾石，最上层用厚度为 20cm 的黏土夯实封口，碎石与黏土等粒料之间可铺一层厚度为 3cm 的草皮，这样地下水就可经瓦管排走而使其水位降低。

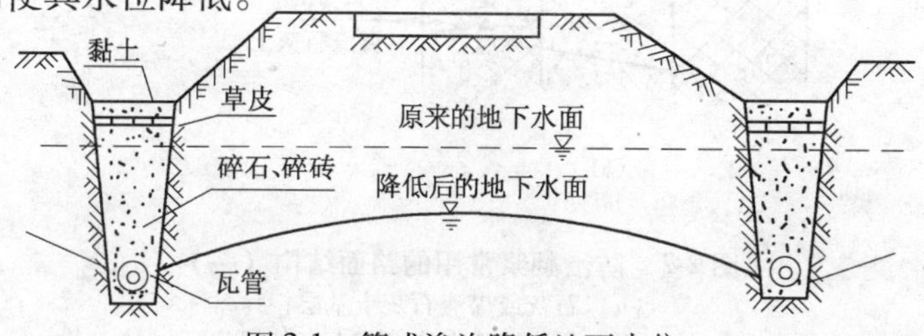

图 2-1 管式渗沟降低地下水位

（3）扩大边沟

扩大边沟适用于边沟有一定的纵坡，能保证排水畅通的路段。一般边沟可加深至1m左右，底宽0.6m左右，并用混凝土预制块或片石加固。

7. 加强路面结构层

本法主要是提高路面的刚性与强度，扩大其承载能力。可在基层加铺厚度为20～25cm的石灰土、二灰碎石土等。为提高路基的强度与抗冻能力，也可在路面底层铺砂垫层。通常采用的防治翻浆的路面结构有四种形式，如图2-2所示。

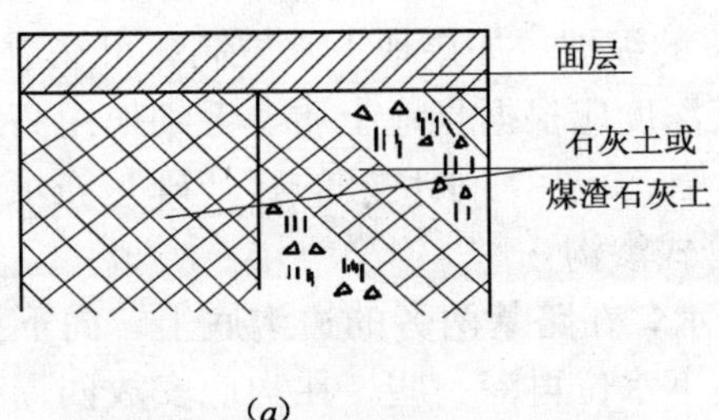

(*a*)

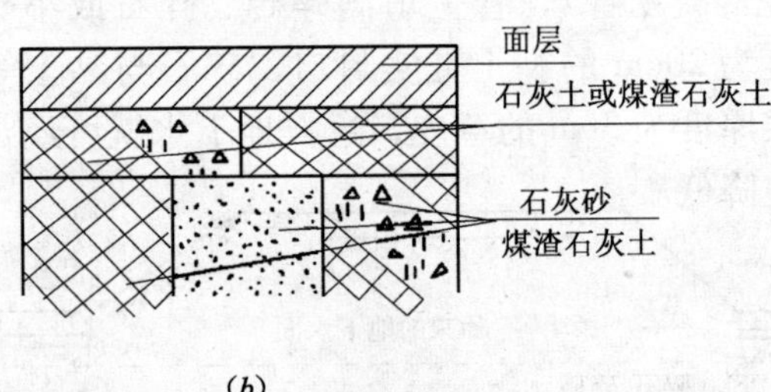

(*b*)

图2-2　防治翻浆常用的路面结构（一）
（*a*）石灰或煤渣石灰土基层；
（*b*）石灰土、砂或煤渣石灰土底基层；

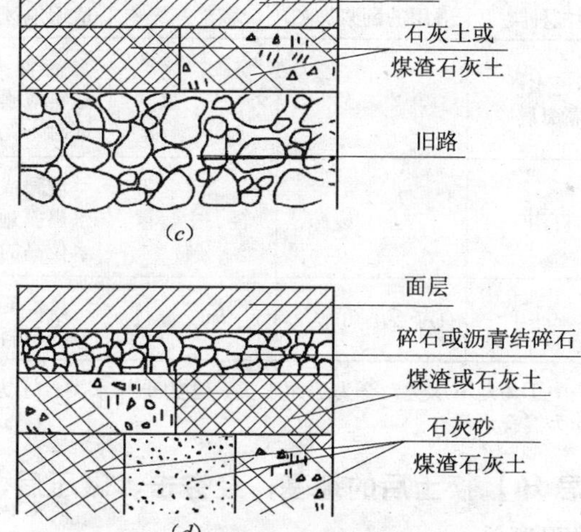

图 2-2　防治翻浆常用的路面结构（二）
（*c*）旧路为底基层；（*d*）碎石或沥青结碎石基层

防治翻浆的各种措施见表 2-3。

防治翻浆措施（选择参考）　　**表 2-3**

编号	措施种类	适用的翻浆类型	翻浆等级	适用地区或条件
1	路基排水	①、②、③	轻、中、重	平原区、丘陵区、山区
2	提高路基	①、②、⑤	轻、中、重	平原、洼地、盆地
3	砂（砾）垫层	①、②、③、⑤	中、重	产砂、砾地区
4	石灰土结构层	①、②、③、④、⑤	轻、中、重	缺少砂、石地区
5	煤渣石灰土结构层	①、②、③、④、⑤	中、重	缺少砂、石地区，煤渣供应有保证时
6	透水性隔离层	①、⑤	中、重	产砂、石地区

续表

编号	措施种类	适用的翻浆类型	翻浆等级	适用地区或条件
7	不透水性隔离层	①、②、④、⑤	中、重	沥青、油毡纸、塑料薄膜供应有保证时
8	盲沟	①、⑤	轻、中、重	坡腰或横向地下水出露地段，地下水位高的地段
9	换土	①、②、③、⑤	中、重	产砂砾或水稳性好的材料地区

注：表中①为地下水类；②为地面水类；③为土体水类；④为气态水类；⑤为混合水类。

【禁忌16】换土后的地基，经夯击、碾压后，达不到要求的密实度

【分析】

换土后的地基，经夯击、碾压后，造成密实度达不到要求的原因如下：

1. 换土用的土料不纯；
2. 分层虚铺厚度过大；
3. 土料含水量过小或过大；
4. 机具使用不当，夯击能量不能达到有效影响深度。

【措施】

1. 土料要求

(1) 灰土地基

土料应尽可能采用旧地基槽中挖出的土，凡有机质含量不大的黏性土，均可用作为灰土的土料，但不应采用地表耕植土。土料应予过筛，其粒径不大于15mm。石灰必须经消解3～4d后才能使用，粒径不大于5mm，且不能夹

有未熟化的生石灰块粒，灰土配合比应用体积比，除设计有特殊要求外，一般为2：8或3：7，拌合均匀后铺入基坑（槽）内。

（2）素土地基

土料一般以黏土、粉土、粉质黏土或重粉质黏土为宜，不应采用地表耕植土、淤泥及淤泥质土、杂填土及膨胀土。

（3）砂垫层

砂垫层和砂石垫层地基宜采用质地坚硬的中砂、粗砂、砾砂、碎石或卵石，以及煤渣、石屑或其他工业废粒料。如果采用细砂，宜同时掺入一定数量的碎石或卵石。砂石材料不能含有垃圾、草根等杂质。

2. 含水量要求

（1）灰土经拌合后，如果水分不足或过多时，可洒水润湿或晾干。一般可按经验在现场直接判断，其方法为：手握灰土成团，两指轻捏即碎。此时灰土基本上接近最佳含水量；

（2）素土地基必须采用最佳含水量；

（3）砂垫层和砂石垫层施工可按所采用的捣实方法，分别选用最佳含水量；

（4）掌握分层虚铺厚度，必须按所使用机具来确定。

【禁忌17】施工中塑料板与钢靴脱开，塑料板通道堵塞

【分析】

施工中，造成塑料板与钢靴脱开，塑料板通道堵塞路基边坡被冲刷的原因如下：

1. 插板沉管时遇到硬物；

2. 塑料板与钢靴连接不牢固；

3. 排水孔道细小水流阻力系数大，导致较大的水头损失，滤水膜透水阻力随时间迅速增长，很快失去滤水作用；

4. 插板机件可靠性差；

5. 钢靴发生问题，未起到遮盖作用，泥沙进入空心套管内发生堵塞。

【措施】

为避免塑料板与钢靴脱开，塑料板通道堵塞路基边坡被冲刷，施工中应采取下列措施：

1. 遇到硬物及管道等，应移位沉管，或予以清除；

2. 塑料板与钢靴连接要精心操作，无误后才能施工；

3. 改进塑料板锚固方式；

4. 通道被堵时应重新插板。

【禁忌 18】路肩、边坡松软

【分析】

路肩松软，一经车轮碾压，即下陷出车辙。边坡呈松散状态，稍触外力，边坡土下溜。

原因分析如下：

1. 路肩和边坡碾压不到位；

2. 填方宽度不够，最后以松土贴坡；

3. 路基填方属砂性土或松散粒料，所形成的边坡稳定性差。

【措施】

1. 填方路堤分层碾压，两侧应分别有 20 ~ 30cm 的超宽，最后修整路基时施以削坡，不得有贴坡现象，如果有个别严重亏坡，应将原边坡挖成台阶，分层填补夯实。路肩的密实度应达到轻型击实的90%以上。

2. 路基填方如属砂性土或松散粒料，其边坡护砌或栽种草皮、灌木丛应及时施工，以保护边坡稳定，或加大边坡坡率，一般应大于1:2。如果边坡防护施工滞后，应设临时急流槽、拦水梗和排水沟。

3. 路面完工后，所填补的路肩亏土，必须碾压或夯实，密实度应达到轻型击实的90%以上。

4. 在路肩外侧，用混凝土预制块或块石铺砌护肩带。其最小宽度大于200mm。

5. 采用石灰土或砾料石灰土稳定路肩。

6. 铺条形草皮或全铺方块草皮进行边坡植被防护。前者用于一般路堤边坡，后者用于坡长8m以上的高填方边坡。

7. 采用卵石、片石或预制块铺砌在边坡表面，用以加固边坡。

【禁忌19】边坡过陡

【分析】

受拆迁占地等因素影响，下层路基填筑宽度比路基下口设计宽度窄，而路基顶面又要满足路基总宽度，便形成了边坡小于设计坡率，即土质边坡小于1:1.5。

【措施】

1. 要按照设计边坡坡率施工，使用坡度尺检查控制坡度，不小于设计规定。如果没有设计规定，一般不得小于1:1.5。

2. 如果受条件限制，边坡小于1:1.5时，要护砌砖石护坡。边坡直立时要砌筑挡土墙。

【禁忌 20】路基边坡被冲刷

【分析】

造成路基边坡被冲刷的原因如下：

1. 过早的削坡而边坡防护工程未能及时跟上。

2. 未设临时拦水埂和临时急流槽。

3. 每次雨水冲刷后未及时修补路基。

4. 路基施工未按超宽填筑、超宽压实的要求做，致使亏坡。

5. 路基亏坡，整修时采用“贴补法”，致使边坡两层皮、不密实、整体性差。

6. 排水沟边缘距路基坡脚太近。

7. 边坡未植草防护。

【措施】

为避免路基边坡被冲刷，施工中应采取下列措施：

1. 削坡后边坡防护工程应及时跟上。

2. 应设临时拦水埂和临时急流槽。

3. 雨水冲刷后应及时修补路基。

4. 路基施工应超宽填筑、超宽压实，一般较设计宽度每侧富裕不少于 30cm，以确保边坡密实。

5. 路基亏坡，整修时开蹬，分层填筑压实，严禁贴补，确保路基整体性和边坡密实。

6. 排水沟边缘距路基坡脚不小于 2m。

7. 种植草皮、灌木，强化边坡植被防护。

【禁忌 21】路肩积水

【分析】

造成路肩积水的原因如下：

1. 路肩碾压不实，与路面接茬处的路肩经右侧车轮反复碾压下沉，形成沟槽。

2. 虽已碾压，但未经修整，高低不平或路肩横向反坡。

【措施】

为避免路肩积水，施工中应采取下列措施：

1. 重视路肩工序的质量控制，按设计横坡进行碾压修整，使密实度不低于轻型击实的90%，横坡偏差不大于±1%。

2. 如果为防止路肩边坡冲刷，也可将路肩作成反坡，将雨水顺纵向汇集一处通过边坡沟渠排至路外。

3. 要求路肩不得有积水现象。

【禁忌22】填方边坡塌陷或滑塌

【分析】

1. 边坡坡度过陡，坡体由于自重或地表滞水作用使边坡土体失稳而导致塌陷或滑塌。

2. 边坡基底的淤泥、松土、草皮未清理干净，与原陡坡接合未挖成阶梯形搭接，填方土料采用了淤泥质土等不合要求的土料。

3. 边坡填土未按要求分层回填压（夯）实，黏聚力低，密实度差，自身稳定性不够。

4. 坡顶、坡脚未做好排水措施，由于水的渗入，土的黏聚力降低，或坡脚被冲刷掏空而导致塌方。

【措施】

1. 永久性填方的边坡坡度应根据土的种类、填方高度和工程重要性按设计规定放坡。当填土边坡用不同土料进行回填时，应根据分层回填土料类别，将边坡做成折线形式。

2. 填方应选用符合要求的土料，防止采用未经破碎的大块土和腐殖土作边坡填料。边坡施工应按填土压实标准进行水平分层回填、碾压或夯实。当采用机械碾压时，应注意保证边缘部位的压实质量；对要求边坡整平拍实的填方，边坡宜宽填0.2m，对不要求边坡修整的填方，宽填可为0.5m。机械压实不到的部位，配以小型机具和人工夯实。填方场地起伏之处，应修筑1∶2阶梯形边坡。分段填筑时，每层接缝处应作1∶1.5斜坡形，以保证结合质量。

3. 使用时间较长的临时填方边坡坡度，当填方高度超过10m，可做成折线形，上部为1∶1.5，下部采用1∶1.75；高度在10m以内，可采用1∶1.5。

4. 在气候、水文和地质条件不良的情况下，对黏土、细砂、粉砂、易风化岩石边坡以及黄土类缓边坡，应在施工完毕后，随即进行防护。应预先整平填方铺砌表面，充分夯压密实，沉陷处填平捣实。边坡防护法根据边坡土的种类和使用要求选用浆砌或干砌片（卵）石及铺砌草皮、抹面、喷浆等措施。其中以铺砌草皮较为经济易行，不受边坡高度限制，边坡坡度也可稍陡。

5. 在边坡上、下部做好排水沟，防止在影响边坡稳定的范围内积水。

【禁忌23】路基砌体边坡溜坍、砌体挡墙坍塌倾覆

【分析】

造成路基砌体边坡溜坍、砌体挡墙坍塌倾覆的原因如下：

1. 浆砌片石砌体没有足够的强度、刚度和稳定性。

2. 石材存在着材料差异性大，规格差。

3. 施工人员没有按规范进行施工。

【措施】

1. 人的控制措施

在工程施工中随时检查现场施工管理和施工作业情况，如果发现责任心不强和现场管理能力差的人员，要求项目部及时撤换。项目部使用懂技术会管理的施工员和操作能手，加强施工技术的培训，不断提高施工员的素质和施工管理水平，通过对施工员素质的控制，促使施工员提高工作质量，以确保工程质量。

2. 原材料控制

严格控制原材料的进场是工程质量控制的基础。原材料是影响公路工程质量的根源所在，因此，要加强所用材料的检验和检测，这就要求我们在原材料进场前和进场后都要不间断地进行抽样试验和检测，这是质量监控的基础，一旦发现不合格的材料就要拒绝其进场或拒绝使用，将影响质量的隐患扼杀在萌芽状态。为了保证施工原材料质量稳定可靠，尤其是河砂、片石等原材，施工技术人员一起对施工准备选用的河砂、石材的产地、性能进行详尽的调查了解，做到量材使用，在施工中，要求施工方尽可能选择石料储量大的采石场和质量均匀供应充足的砂场厂家的产品。

（1）片石备料时，施工单位应选用符合设计和验收标准规定的砌体工程所用石料的类别、规格和质量要求，砌体工程石料应质地坚硬，不易风化，无水锈，无裂纹。石料表面水锈污渍应清除干净。片石表面平整、尺寸较大，边缘和中部厚度、最小块径均不得小于15cm，片石的强度等级不小于MU30，按满足砌筑工艺要求以及大小兼备的原则，准备40%～50%数量的平毛石搭配使用，并应准备足够的拉结石。做到量材使用，同产地的片石取样一组试件进行抗压强度检验，挡墙工程另外各增加一组抗冻性指标和软化系数检验的试件。

（2）砌体用砂采用粒径在5mm以下、坚固耐久的天然中砂（细度模数2.3~3.0），含泥量不得大于5%，中砂对节省水泥用量、改善砂浆的和易性有良好的保证作用。工地按同产地、同规格、同品种连续进场400m^{3}为一批现场见证取样对其进行颗粒级配、细度模数检测。

（3）水泥进场必须按批对其品种、包装、级别、袋装质量、出厂日期批号进行验收，检查全部产品合格证、出厂检验报告，并按同厂家、同品种、同批号、同强度等级、同出厂日期连续进场200t水泥为一批，现场见证取样对其强度、安定性、凝结时间进行试验，质量必须符合现行国家标准规定。

（4）拌合应采用饮用水，当采用沿线河渠、塘堰流水作为施工用水时应按现行国家标准《混凝土用水标准》（JGJ 63—2006）取样做水质分析，含有植物油、糖、脂肪、水碱等成分的农田污水和工业废水不能拌合砂浆，由于含有植物油、糖、脂肪、水碱等成分的农田污水和工业废水降低水泥的粘结力，使砂浆强度下降。

3. 砂浆质量控制

砌体工程是由石材和砂浆砌筑而成，一般石材强度较高，砂浆强度等级将起决定性作用。砂浆强度等级应符合设计要求，砂浆配合比根据原材料性能、砂浆设计要求和技术条件由试验室通过试验确定配制强度。砌筑砂浆是浆砌片石砌体的组成材料之一，由于砂浆的质量对砌体的影响不如混凝土那样敏感，因此人们对砂浆的配合比、搅拌、计量、使用时间以及试块制作、养护等缺乏足够的重视，从而经常造成砂浆强度不稳定、均匀性差等质量通病。砂浆配合比的确定，在满足砂浆和易性的条件下，应结合现场的材质情况，通过试验合理控制砂浆强度。检查配合比选定单，按一批同类型、同强度等级每 $100m^3$ 砌体在搅拌机出料口随机抽样制作砂浆强度试件。

决定砂浆强度的主要因素是水灰比，它是砂浆中用水量与水泥用量之间的比例关系，其大小表现为砂浆的稠度。砂浆中拌合水10%~20%是用来与水泥起化学反应的，其他大部分则是起和易作用的；如果水泥用量一定，用水量越小，砂浆强度越高，但用水量过小，会使砂浆流动性变差，施工不便，易导致结构质量不良。相反，如果不增加水泥用量，而是随意多加水，会使水泥浆变稀而失去粘结力，起不到应有的胶合作用，使砂浆硬化的密度大大降低，砌体耐久性也很难达到设计要求。砂浆稠度掌握不当易造成砂浆不饱满，砌体密实度差。由于石材吸水率小，质地细密，而砂浆中的水量过多，砌筑时灰口较大，则石材与砂浆中形成一层水膜，会增加润滑作用，在捣实立缝砂浆过程中，砂浆容易从灰缝中流出。过稀的砂浆铺在表面不平的片石上，一般会在沙处形成水窝，容易沉实干缩，造成与石块部分脱离。因此要适当减少砂浆水灰比，以半干硬为主，一般稠度控制在20~50mm，用砂浆稠度仪测定的下沉度表示，辅以直观法检查，用手将砂浆捏成小团，以指缝不出浆，松手后不松散为度。

拌制砂浆应有计划性，应采用机械集中搅拌。采用机械集中搅拌是保证砂浆均匀性的重要措施，严格执行施工配合比，仔细计量，保证搅拌时间，经常巡查抽检砂浆稠度和配合比。每日拌制量应根据所砌筑的部位来决定，尽可能做到随拌随用，少量储存，使灰槽中经常有新拌制的砂浆。当在储存或运输过程中发生离析、泌水现象时，砌筑前应人工重新拌合。砂浆的使用时间与气温条件有关，气温较高时，可控制在2~3h内用完；一般气温条件下，严格控制在3~4h内用完；不得使用已凝结的砂浆，杜绝使用隔日砂浆。

4. 施工过程控制

（1）认真进行基坑隐蔽检查，详细复核挡墙基坑平面位置、标高和坡率，校对基底地质条件、地基承载力应与设计要求相符。挖基础时如果遇到的地基地质不良、承载力不足，应通过设计变更采取有效措施进行处理，基坑开挖过程中应采取临时支护措施保持边坡稳定，并分段跳槽开挖，防止基坑被雨水浸泡。基底位于倾斜地面时，挡墙墙趾部埋入深度和距线路中心水平距离应同时符合设计和规范要求。项目经理部先按设计挡墙断面尺寸放出大样制作样架，然后在分段两沉降缝处立样架挂线检查，认真做好隐蔽检查记录。

（2）严格工序交接检查，坚持上道工序不经检查验收不准进行下道工序施工的原则。挡墙基础隐蔽施工过程中，由旁站监理员在现场进行监督。基础砌筑前清除基底表面松软、风化土石，基坑检查合格后，立即铺满一层砂浆砌筑，坐浆砌筑。第一皮石块应选用比较方正的，大面朝下，放稳放平；第二皮石块应与第一皮上下错缝互相咬接砌筑，砌体周边平顺整齐紧贴坑壁。基础砌筑完后应及时回填土，逐层填土、逐层夯实，及时回填土既便于砌筑操作，又可防止现场用水或雨水灌入基坑，影响基础的稳定结构。

（3）严格按照施工工艺进行控制。挡墙墙身砌筑应采用交错组砌方式，并用挤浆法分层分段的砌筑。分段位置应在伸缩缝或沉降缝处，分层高度为1~1.2m。各砌层应先砌外围定位砌体，外围砌体与里层砌体交错连成一体，定位砌块宜选用尺寸较大且表面较平整的石料。砌完定位砌块后，先在圈内底部铺一层砂浆，再砌筑腹石，在挤压安砌时铺砂浆厚度应使石料能紧密连接，砌缝饱满。每皮石块砌筑时要隔一定距离（1～1.5m）砌一块拉结石，挡墙由于墙身较厚，一般内外两侧均要砌拉结石，石料应大小搭配，较大的石料以大面为底，每一砌块都要与前后的砌块有交搭，与上下、左右的砌块有叠靠，砌缝要错开，使每一石块既是稳定的，又与其四周的其他砌块交错搭结，不能有孤立、松动的石块，砌好的石块要稳，要能经受上层片石的压力，不仅本身要稳，砌上后要增强下层片石的稳定，砌好的石块要求“上口平，下口清”。

挡墙每口砌筑高度不应超过1.2m，施工间歇和流水作业需要留槎时必须留斜槎，分段砌筑时留槎高度不超过一步架，且应留成踏步槎，里外皮应错开。砌筑时，槎口对接要平，使上下层片石咬槎严密，增强砌体强度，也能满足组砌缝式的需要。每砌好一层片石后，要用小块石填充墙体的空隙，称为“填陷”，不允许用碎石块填后再塞砂浆找平，或干填碎石块及只填砂浆不填石块的方法，这样做会使砌体中空架空、石块互不搭接，形成夹心墙，严重的会形成大大小小的“鼠洞”，从而降低砌体的强度。填陷砌法要求铺垫砂浆时根据空隙大小，然后选用合适的片石挤入空隙，过大的空隙可以用两块片石填砌严密，但不允许石块碰石块，这样做可以提高砌体的强度。

（4）及时检查墙身泄水孔。砌筑墙身时，应同时按设计要求收坡，墙体内侧按规定向外做泛水坡度，采用抽管方法留置φ100mm泄水孔，泄水孔间距为1m，挡墙主体砌筑完工后，检查泄水孔是否畅通，应及时清除孔内散落砂浆。

（5）墙后排水设施、隔水反滤层构造及反滤层厚度不小于设计规定。墙背分层填筑压实，每层见证检验轻型动力触探试验应满足设计要求的压实质量，回填挡墙后背渗水土反滤层前，在泄水孔平面上填宽度为300mm、厚度为200mm的卵石或碎石疏水层，顺利排出土内积水。

（6）砌体应平顺整齐，表面砂浆饱满、砌缝整齐。砌体砌筑时留出深度为2cm的空缝，宽度和错缝距离符合规定，无裂纹和脱落。沉降缝上下贯通，整齐垂直。外围定位砌体砌筑时检查表面砌缝应同时满足浆砌片石表面砌缝宽度不大于40mm，三块石料相接处的空隙不大于70mm，两层间竖向错缝不大于80mm，检查表面砌缝合格后将灰缝内积灰清扫干净，用1：1.5砂浆勾砌体表面凹缝，勾缝所用的砂浆强度不得小于砌体所用的砂浆强度，勾缝应顺石缝进行，勾缝后早期及时洒水养护，避免干裂脱落。及时覆盖浇水养生，并经常洒水保持湿润，常温下养护期不得少于7d。

【禁忌24】未预防泥石流

【分析】

泥石流是一种突发的含大量石块、泥沙的特殊洪流，会对公路造成淤埋、冲刷、堵塞、撞击等侵害。

泥石流的特征是突然爆发，侵蚀搬运和沉积过程异常迅猛，持续时间短，破坏力极强。它对公路的危害巨大，甚至压缩或堵塞河道，使水位上升，淹没上游沿河路基，或改变河槽流向，冲毁对岸路基，导致水毁现象。

【措施】

公路设计阶段，如果路线跨越泥石流沟，首先应考虑用桥跨越从流通区或沟床比较稳定、冲淤变化不大的堆积扇顶部位；当河谷比较开阔、泥石流沟距大河较远时，路线走堆积扇的外缘；对泥石流流量不大的地段，可在堆积扇中部以桥或过水路面通过；对泥石流分布集中、规模较大、发生频繁地段应进行绕避；在处于活动阶段的堆积扇上，不应采用路堑，路堤也应慎重确定标高。具体措施如下：

1. 注重水土保持，包括封山育林、平整山坡、修排水系统和支挡工程。

2. 采用滞流与拦截，在泥石流沟中修筑低矮的拦挡坝，固定河床，减缓河床纵坡，降低流速，并修筑停淤场或拦渣坝，拦截泥石流中固体物质，以保护路基免遭冲刷、撞击等。

3. 采用隧道、桥涵、渡槽及过水路面的方式跨越泥石流沟。

4. 采用急流槽、导流堤等措施将泥石流排走。

【禁忌25】未预防采空区

【分析】

1. 路基承载力不足

一是由于切方使采空区顶板岩土厚度大大降低，二是由于采空区路基土层强度较低，这都导致路基经常性地发生剪切或拉伸破坏。

2. 路基不均匀沉降

采空洞造成基岩面起伏较大，各处岩石力学性质的差异导致路基不均匀沉降。在陇西黄土地区，采空区的赋存介质是冲、洪积砂卵砾石层，砂卵砾石层由于结构松散，在外力作用下，尤其是在振动荷载作用下，易造成路基和地基不均匀下沉。

3. 地表塌陷

路基应力范围内有土洞或开采空洞时，由于抽排地下水或自然条件等因素作用，产生洞顶坍塌，引起地面开裂、沉陷以致地基突然下沉。

4. 危害边坡

在黄土丘、梁及高阶地边缘，公路以路堑方式通过时，由于侧向失去支撑，冒落、塌陷变形引起的土体下沉伴随着水平向位移，从而影响路堑边坡的稳定性。当路堑位于已冒落、塌陷区时，路堑在开挖过程中常会造成滑坡或边坡坍塌灾害。

【措施】

1. 处理措施的选定原则

洞穴采空区处理的措施应根据不良地质体与公路的空间位置关系、规模大小、填充情况、稳定状态、周围环境等因素，经综合技术经济比较后确定。

（1）对于洞体位于路基设计标高以下一定深度，且小于保证地基稳定的临界深度时，均应采取地基加固治理措施。其中对于顶板塌陷严重且洞顶埋藏较深的路段，可采取孔内深层强夯技术（DDC 法）或注浆法处理；对于直接揭顶或洞顶埋藏较浅（一般小于 5m）的路段，可采取明挖分层回填压实、明挖后强夯、爆破后强夯等处理措施。

（2）对位于路基设计标高附近或以上且洞身较短的洞穴，一般可通过挖堑予以挖除。对位于堑坡外不能挖除的洞穴采用浆砌片石封堵，美化路容，增加边坡稳定性。

（3）洞体采空区位于路堑下部时，路堑均应采取扩堑措施，放缓或取消堑坡，增设防护工程，确保路堑边坡的稳定。

2. 主要处理措施的技术要点

(1) 注浆充填法

到目前为止，注浆充填是采空区地基处理中使用最多的原位加固处理方法之一。注浆充填的机理是在地面上打孔，将浆液通过注浆孔注入洞穴采空区，在采空区及上覆岩土层的裂隙中形成结石体，阻止上覆岩土层进一步冒落、塌陷，稳定公路地基。

(2) DDC法

DDC法，即孔内深层强夯技术，它综合秉承了重锤夯实、强夯、土桩等地基处理技术的优势，集中动能、高压强、强挤密各效应用于一体，完成对厚层湿陷性黄土地基及其他软弱地基的加固处理。DDC法主要应用于加固较大面积的厚层高压缩性湿陷性黄土或厚层饱和湿软黄土地基以及深层有采空洞穴或软弱下卧层的不良地基。

(3) 爆破强夯

该方法首先采用控制爆破技术将洞穴顶板土体松动破坏，填充空洞，然后再采用大吨位强夯（6000kJ以上）对破碎松散土体进行密实加固，是强夯法和开挖法的综合延伸应用。

第2节 路面工程

【禁忌26】 路面不平整

【分析】

路面平整是以几何平面为基准，表现为路面横向和纵向凹凸程度，即指实际路面表面对设计的几何平面的偏离程度。路面不平整主要表现为坑凹、波浪、起拱、接缝台阶、碾压车辙、涵洞或桥头两处路面沉降、桥梁伸缩缝的跳车等。

路面不平整产生原因如下：

1. 路面不均匀沉降，主要表现为：

（1）路堤地基处理不当；

（2）路堤填料控制不当；

（3）半填半挖路基的接合部处理不当；

（4）特殊路基路段处理不当；

（5）填土路面压实不足；

（6）排水不完善。

2. 基层不平整对路面平整度的影响，导致铺厚不均，压缩程度不同，影响平整度。用推土机、平地机铺基层时，很难控制平整度。

3. 涵洞、桥头两端及桥梁伸缩缝的跳车，主要表现为：

（1）由于压实机械的作业面狭小，碾压不到位，压实度满足不了要求，通车后易造成路基沉降；

（2）桥涵与路基结合处，常会产生细小裂缝，雨水渗入后会使该处路基发生沉降；

（3）台背填料与台身刚度差较大，造成不均匀沉降；

（4）伸缩缝在选型和施工时处理不当，产生跳车。

4. 路面摊铺机械及工艺对平整度的影响

（1）摊铺机结构参数选择不当，造成摊铺厚度不均匀，产生波浪；

（2）摊铺机基准线控制不当，产生波浪；

（3）摊铺机操作不当；

（4）摊铺机速度快慢不均，启动频繁，导致面层粗糙不均；

（5）混凝土路面采用滑模摊铺机时，受摊铺机自身、控制基准线及操作的影响；

（6）混凝土路面采用小型机具施工时，受施工机具、立模质量及摊铺工序安排影响。

5. 面层摊铺材料的质量对平整度的影响

（1）沥青混合料的拌合不均匀，如：当筛分系统出现问题时，造成集料级配发生较大变化；温度过高造成沥青老化，不能保证沥青混凝土摊铺质量；拌合能力过小，出现停工待料状况，使接头处温度降低，出现温度差，形成一个个坎；当运输设备不配套或司机技术较差时，会撞击摊铺机，使机身后移，形成台阶。

（2）沥青混合料的配合比不合理，如：油石比过小，路面会出现松散；油石比过大，已铺筑的路面会产生泛油和壅包。

6. 碾压对平整度的影响

（1）压路机型号的选择

如果采用低频率、高振幅的压路机会产生跳动夯击现象，压路机初压吨位过高会产生推挤变形。

（2）碾压速度的调整

压路机碾压速度不均匀、突然启动、急刹车、掉头转向和随意停置，在已碾压成型的路面上停置而不关闭振动装置都会引起路面推拥，在未冷却的路面上停机会出现凹陷。

（3）碾压温度的控制

初压温度过高，压路机轮迹明显，沥青料前后位移大，不易稳定；复压温度过高会引起胶轮压路机粘结沥青细料，小碎片飞溅，影响表面级配；温度过低则不易压实。

(4) 碾压路线的行走

碾压行进路线不当，不注意错轮碾压，每次在同一横断面折返，会引起路面不平。

(5) 碾压次数的确定

碾压遍数不够，压实不足，通车后易形成车辙；碾压遍数太多，由于短时间集中重复碾压，会造成已成型路面的推移。

(6) 驱动轮和从动轮的前后问题

如果从动轮在前，由于从动轮本身没有驱动力，靠后轮推动，使混合料产生推移，倒退时在轮前留下波浪。

7. 接缝处理不好常容易产生的缺陷是接缝处下凹或凸起，以及由于接缝压实度不够和结合强度不足而产生裂缝甚至松散。

【措施】

1. 认真处理原地面

填筑路堤时应首先进行原地面处理。当路堤填筑高度不小于1.0m时，应注意将路基范围内的草丛、树根全部挖除。如果基底的表层土系腐殖土，则须用人工或挖掘机将其表层土清除换填，厚度根据具体情况确定，一般以不小于30cm为宜，并予以分层压实。如果发现鼠洞、草炭层、裂缝，应更换符合条件的土回填，并按规定进行压实。路堤通过耕地时，路堤填筑施工前必须预先填平压实。

2. 控制路堤填料

路堤填料一般应采用砂砾及含水量和塑性指数符合规范的土，控制最佳含水量，保证土料在最佳含水量下达到最佳压实度。如果土质含水量特别大，通过翻晒来达到最佳含水量。

3. 特殊地基处理

（1）对于路基高度不高，软土层地段等，采用砂垫层、置换填土、抛石挤淤、反压护道的方法处理，以增强路基；

（2）对于排水地基，根据实地情况，采用砂垫层法、袋装砂井法、塑料板排水法、砂桩及置换填土来处理；

（3）对于软土地基或湿陷性黄土地区比较复杂的地基情况，采用垫隔土工布、碎石桩、强夯及加固土桩的办法处理；

（4）对于软土路堤的处理，采用垫隔覆盖土工布、增设土工格栅、土工格室等办法。

4. 填土路基压实

路基施工时，应严格按要求进行，并应通过试验路段来确定不同机具压实不同填料的最佳含水量、碾压遍数和松铺厚度、机械配套和施工组织。

5. 完善排水设施

为了保持路基能经常处于干燥、坚固和稳定状态，必须将影响路基稳定的地面水予以拦截，使用管道、沟渠等将其排除到路基范围之外，防止下渗和漫流。

6. 避免桥头、涵洞两端及伸缩缝处跳车

（1）地基加固处理，为消除桥台和台后填方段的差异沉降变形，可采用插塑料板等方法对地基进行排水加固，另外还可根据填方路堤的压力计算，采用粉喷桩等进行加固处理，湿陷性黄土可采用强夯等办法进行加固；

（2）桥头设计过渡段，即在一定长度范围内设置搭板或铺设过渡性路面，可以使在柔性结构路段产生的较大沉降通过过渡段至桥涵结构物上，防止跳车；

（3）台背填料可选择当地的砂砾、石碴等透水性较好的材料，在高填方的拱涵及涵洞与侧墙的相接部位，尽可能选用内摩擦角大的填料进行填筑；

（4）在靠近构造物背后设置必要的地下排水设施，可在过渡段的路面下及桥台与填方结合处设置垫层，避免路面下渗水进入填方。

7. 控制碾压提高平整度

碾压分为初压、复压和终压三个阶段。初压，应紧跟摊铺机后碾压，尽可能保持较短的初压区长度，以使表面尽快压实减少热量损失，初压宜为1~2遍；复压，紧跟初压区，不得停顿，一般碾压区不超过60m，每台压路机应全幅碾压（1/3~1/2轮宽重叠）不少于6遍，在规定温度内直至压实到标准，要防止不同部位压实度的不均匀或漏压；终压，采用双钢轮压路机全幅碾压不少于2遍，消除轮印为止。终压温度，普通沥青不低于90℃，改性沥青不低于100℃。控制好碾压，才能保证平整度。

综上所述，只有全面控制施工的各项环节，才能保证路面平整度，把整条公路做得内实外美，平整舒适。

【禁忌27】沥青路面早期破损

【分析】

沥青路面早期破损是指在竣工后路面通车不久或一两年内出现多处或大面积裂缝、破损。其原因主要如下：

1. 施工控制问题。目前，路面工程片面追求平整度，而忽视压实度的要求；材料到场及终压温度偏低，甚至在低温情况下过度碾压；材料配合比不当，基质沥青达不到标准要求；路面基层甚至基底、路床承载力不足，弯沉值过大。

2. 由于路面基层材料的收缩而造成沥青路面的反射裂

缝，也会引起早期破损。此病害是由于雨雪水沿道路裂缝渗入土基和路面基层，降低路基路面的强度和稳定性，造成局部变形，扩展成网状裂缝。碾压过程中产生的反射裂缝及细微裂纹虽然初期对行车没有影响，但在阳光照射及水分侵蚀下，成为促使面层沥青混凝土疲劳开裂的催化剂，大大缩短沥青路面的寿命。

【措施】

1. 不要片面追求个别指标不合理的高水平，要全面考虑基层、面层的综合强度、舒适性、耐久性和安全性。

2. 在沥青混合料摊铺碾压过程中，严把沥青混合料进场摊铺的质量关，严格控制摊铺和初压、终压的沥青混合料温度，严格按碾压操作规程施工，防止产生横向裂缝。

3. 控制沥青混合料所用沥青的延度，或采用改性沥青。拌制沥青混合料时，防止加热过度，避免沥青混合料“烧焦”。

4. 严格按照现行国家标准《沥青路面施工及验收规范》（GB 50092—1996）做好纵横向接缝。

5. 在特殊寒冷、潮湿、高温地区要使用新型沥青混合料。

【禁忌28】二灰土抗压强度不合格

【分析】

造成二灰土抗压强度不合格的原因如下：

1. 石灰剂量不足，石灰等级较低，黏土颗粒粉碎不够，拌合不均匀。

2. 二灰土抗压试件制备不标准，高度超标，密度较小。

3. 试件养护期间温度、湿度不符合要求，养护期间失水过多。

【措施】

为避免二灰土抗压强度不合格，施工中应采取下列措施：

1. 实际石灰剂量应比设计剂量高出0.5~1.0个百分点。

2. 采用有效钙加氧化镁含量较高的石灰，并充分消解。

3. 黏土颗粒粉碎至规定尺寸，拌合应均匀。

4. 二灰土试件高度误差应在±0.2mm范围内。

5. 试件应用塑料薄膜裹覆养生，养生期间温度、湿度应控制在规定范围内。

【禁忌29】二灰土底基层表面起皮

【分析】

造成二灰土底基层表面起皮的原因如下：

1. 二灰土含水量过小或过大。

2. 二灰土表层失水过多，未及时碾压。

3. 碾压未按先轻后重、先慢后快的原则。

4. 石灰剂量不足或失效，二灰土拌合不均匀。

【措施】

为避免二灰土底基层表面起皮，施工中应采取下列措施：

1. 施工时，二灰土的含水量最宜控制在大于最佳含水量1%，并及时压实。

2. 机轮要保持干净，粘附的灰土要设专人随机清理，按先轻后重的碾压程序逐步压实。

3. 高温有风的干燥气候，尽可能上午备料、下午整平、夜间碾压，或采取覆盖碾压。

4. 石灰剂量要足，不能失效，二灰土拌合要均匀。

5. 当发现局部灰土已严重起皮松散时，可用拌合设备将灰土表面5cm拌松、重洒水，待水分充分透入土颗粒内部并均匀分散后整平碾压。

【禁忌30】二灰土表面开裂

【分析】

造成二灰土表面开裂的原因如下：

1. 碾压含水量过大。
2. 用土塑性指数过高。
3. 地基沉降尚未稳定，地基沉降不均匀。

【措施】

为避免二灰土表面开裂，施工中应采取下列措施：

1. 严格控制碾压含水量。
2. 选用符合规范要求的土料或铺筑二灰土底基层，采取二次掺灰的办法降低土的塑性指数。
3. 地基沉降率连续两个月不大于5mm/月时再施工底基层。
4. 裂缝处应加铺土工织物或土工格栅后再施工基层。

【禁忌31】二灰碎石抗压强度不合格

【分析】

造成二灰碎石抗压强度不合格的原因如下：

1. 石灰剂量不足。
2. 石灰等级较低。
3. 二灰碎石抗压试件制备不标准。
4. 二灰碎石拌合不符合要求。
5. 二灰碎石成型后养护温度偏低。

6. 粉煤灰质量不符合要求。

7. 未能保湿养护。

【措施】

为避免二灰碎石抗压强度不合格，施工中应采取下列措施：

1. 施工中石灰剂量应较设计值高0.5~1.0个百分点。

2. 选用有效钙加氧化镁含量高的石灰（Ⅱ级以上）。

3. 添加1%~2%的水泥。

4. 提高二灰碎石拌合均匀性并及时成型试件。

5. 尽可能在气温较高时施工。

6. 石灰应充分消解，通过10mm筛。

7. 成型后及时洒水养护，保湿养护应不少于7d。

【禁忌32】二灰石灰碎石压实度不符合要求

【分析】

造成二灰石灰碎石压实度不符合要求的原因如下：

1. 含水量不符合规范。

2. 压路机质量较小，碾压遍数不够，局部漏压。

3. 二灰碎石拌合不均匀，局部粉煤灰偏多，集料偏少。

4. 靠近中央分隔带处加宽不够。

【措施】

为避免二灰石灰碎石压实度不符合要求，施工中应采取下列措施：

1. 在二灰碎石混合料拌合过程中，应严格控制含水量，使碾压前含水量接近最佳含水量。

2. 采用重型压路机反复碾压，按试铺路段碾压遍数认真碾压，直到压实度符合规定为止。

3. 提高二灰碎石拌合均匀性。

4. 中央分隔带处应设有一定的加宽。

【禁忌33】二灰碎石基层开裂

【分析】

造成二灰碎石基层开裂的原因如下：

1. 二灰碎石混合料中二灰比例偏大；集料级配中细料偏多。

2. 二灰碎石碾压时含水量偏大。

3. 碎石中含泥量较高。

4. 成型温度较高，强度形成较快。

5. 路基沉降尚未稳定或路基发生不均匀沉降。

6. 养护不及时、缺水或养护时洒水量过大。

【措施】

为避免二灰碎石基层开裂，施工中应采取下列措施：

1. 优化二灰碎石配合比设计，严格按施工配合比拌制混合料，选择合格的集料。

2. 控制碾压时含水量不超出最佳含水量的允许范围。

3. 待路基沉降稳定后再铺筑基层。

4. 对已开裂的基层应加铺玻纤网加固，对纵向裂缝应采用钢筋混凝土跨缝加固，防止裂缝对沥青面层反射影响。

【禁忌34】水泥稳定土路面强度不足

【分析】

水泥稳定土施工以后经抽检，强度不符合要求。主要原因如下：

1. 土的物理组成（主要包括土的颗粒组成、小于

0.075mm 颗粒含量、土的粉碎程度等）不符合要求。

2. 土的化学成分（主要包括有机质、碳酸钙、硫酸盐、氧化铁、氧化铝、黏土等）含量不符合要求。

3. 水泥的品种及剂量不符合要求。

4. 混合料的含水量和干密度不符合要求。

5. 路拌法施工的水泥撒铺、加水拌合到压实的延迟时间过长。

6. 添加剂种类（综合稳定土）不合适。

7. 碾压机械配置不合理及密实度不够。

8. 养生条件差，养生不及时。

【措施】

为避免水泥稳定土路面强度不足，施工中应采取下列措施：

1. 采用合格的土，根据现场土的特点进行试验选择合格的取土场。

2. 采用合格的水泥，并经过试验确定水泥的品种及剂量。

3. 合理组织施工。

4. 及时养生，及时洒水养生，养生期间内严禁开放交通。

【禁忌 35】水泥稳定土裂缝

【分析】

稳定土材料在强度形成过程中，由于水分逐渐消耗以及蒸发，导致体积发生收缩，收缩变形受到约束时，逐渐产生裂缝（称为干缩裂缝）。水泥稳定土具有热胀冷缩性质，随着气温的降低，稳定土会产生冷却收缩变形，收缩变形受到约束时，逐渐形成裂缝（称为温缩裂缝）。

【措施】

1. 改善施工用土的土质

土质塑性指数越高，缩裂愈严重。因此可采用黏性较小的土，或在黏性土中掺入粉煤灰、砂土等，以降低土的塑性指数。

2. 控制压实含水量

稳定土标准击实曲线的中部比较平缓，当压实含水量大于最佳含水量2%左右时，施工现场比较容易达到规定压实度，但干缩裂缝严重。因此压实时含水量一定不要大于最佳含水量，应略小于最佳含水量。

3. 掺加粗粒料

掺入一定数量（质量分数60%～70%）的粗粒料，如砂、砾石、碎石等，使混合料满足最佳组成要求，可以提高其强度和稳定性，减少裂缝产生，同时可以节约结合料和改善碾压时的拥挤现象。

4. 严格控制压实标准

准确测定水泥剂量是保证压实标准的前提，由于水泥剂量对标准击实试验结果影响较大。标准击实试验结果直接影响施工时压实度的控制。由于压实度低时产生的干缩要比压实度高时严重，因此应尽量使标准击实结果准确。

5. 在达到强度标准的前提下，采用最小水泥剂量，但水泥质量分数不得小于4.5%。

6. 水泥稳定基层养生结束后，立即铺筑沥青面层，使基层混合料不过分变干和产生干缩裂缝。

7. 调整施工季节，减小温缩裂缝。混合料处于最佳含水量附近时，温缩的最不利温度是在0～10℃，因此施工时要保证冻前龄期。

【禁忌36】水泥稳定土的水稳性和冰冻稳定性差

【分析】

1. 土中细土含量多或塑性指数大，使土的水稳定性、冰冻稳定性差。

2. 由于某些稳定剂如水泥、石灰或二灰的强度形成需要一定的时间，因此这类稳定土早期水稳定性较差，随着龄期的增长水稳定性会逐渐增强。

3. 当稳定剂剂量不足时，其胶结作用弱，强度达不到要求，透水性大，其稳定性也差。

【措施】

根据设计要求，采用塑性指数小的土，并依据试验确定准确的稳定剂剂量，在施工时严格控制，保证水泥稳定土的碾压质量及剂量符合要求。在施工工期安排上，要按照规范规定的施工季节进行施工，保证水泥稳定土的龄期符合要求。

【禁忌37】稳定粒料类路面基层产生干缩裂缝

【分析】

在铺筑沥青面层前，稳定粒料类路面基层上没有覆盖层保护而遭受阳光暴晒，稳定粒料类路面基层不可避免地要产生干缩裂缝。稳定粒料类路面基层上仅为薄沥青面层或封层时，在某些情况下，尤其是稳定粒料类材料的含水量偏大时，稳定粒料类路面基层也会产生干缩裂缝。

【措施】

1. 必须严格控制施工含水量。采用重型压实机械按标准施工。

2. 控制集料中细料的含量和塑性指数。通过0.075mm

筛孔的颗粒含量控制在5% ~7%（质量分数，下同）。当细土有塑性指数时，含量不大于5%；当细土无塑性指数时，含量不大于7%。细土的塑性指数要尽可能低，不宜大于4。如果某种粒料土中，粉料含量过多或塑性指数过大，宜筛除塑性细土，并用部分粉煤灰代替，或先用石灰处治。

3. 控制基层混合料的干缩应变在200 ~500με范围内。

4. 控制施工碾压时的含水量，使其不超过施工规范所规定的范围。

5. 在满足强度要求的前提下，尽可能使水泥含量最少，但不少于4.5%（质量分数）。

6. 改善集料级配，控制水泥含量，使其质量分数不大于6%。

7. 用水泥稳定具有塑性细土的老中级路面时，可采用以下措施：

（1）采用水泥和石灰综合稳定。

（2）添加含细料少或不含细料的粒料。

（3）同时采用上述两种措施。

8. 在避免污染的前提下，水泥稳定基层养生结束和喷洒透层沥青或做下封层后，应立即铺筑沥青面层，保护基层混合料不使其过分变干而产生干缩裂缝。

【禁忌38】沥青路面下封层与基层表面不粘结

【分析】

造成沥青路面下封层与基层表面不粘结的原因如下：

1. 基层表面浮灰和杂物未清扫干净。

2. 乳化沥青的基质沥青与石料粘附性较差。

3. 乳化沥青破乳凝结速度太快。

4. 不按规定的施工工艺施工。

【措施】

为避免沥青路面下封层与基层表面不粘结，施工中应采取下列措施：

1. 二灰碎石表面应进行清扫、水洗、风吹等工序将基层表面浮灰和杂物清除干净。

2. 对乳化沥青进行与石料粘附性试验，选择与石料粘附性好的优质乳化沥青。

3. 对乳化沥青进行破乳速度试验，选择慢凝乳化沥青。

4. 适当增加轮胎对下封层的碾压遍数。

【禁忌 39】沥青路面下封层脱落

【分析】

造成沥青路面下封层脱落的原因如下：

1. 下封层未能将水封住。

2. 下封层被行驶车辆轮胎粘结而脱落。

3. 二灰碎石基层表面受冻害。

【措施】

为避免沥青路面下封层脱落，施工中应采取下列措施：

1. 采取各种防冻措施，防止下封层过冬而冻坏。

2. 加强养护，下封层施工结束后一周内禁止各种车辆通行。

3. 提高二灰碎石施工质量。

【禁忌 40】路缘石折断或缺角破损

【分析】

造成路缘石折断或缺角破损的原因如下：

1. 预制钢模变形。

2. 混凝土强度偏低。

3. 运输路缘石时野蛮装卸，将缘石摔断。

【措施】

为避免路缘石折断或缺角破损，施工中应采取下列措施：

1. 注意模板的拼装及接缝的处理。

2. 提高混凝土预制强度。

3. 运输路缘石时禁止野蛮装卸。禁止使用破损折断的路缘石，折断缘石应废弃。

【禁忌41】路缘石预制尺寸不一，光洁度差

【分析】

造成路缘石预制尺寸不一，光洁度差的原因如下：

1. 预制钢模质量差，尺寸不一。

2. 混凝土配合比不合理，振捣不够。

3. 养护不足。

【措施】

为避免路缘石预制尺寸不一，光洁度差，施工中应采取下列措施：

1. 严格钢模制作，保证每个钢模尺寸一致，形状一致。

2. 选择合理的混凝土配合比，加强振捣。

3. 认真养护。

【禁忌42】路缘石砌筑不合格

【分析】

造成路缘石砌筑不合格的原因如下：

1. 未严格放样，拉线砌筑。

2. 路缘石下砂浆不饱满，块与块间的平顺性未调整到位。

3. 缝宽不一致，勾缝质量差。

【措施】

为避免路缘石砌筑不合格，施工中应采取下列措施：

1. 先用经纬仪放样，后拉线砌筑。

2. 应先坐浆后刮浆砌缘石及勾缝，保证块与块平顺，缝宽一致。

3. 加强施工过程中的目测检查，及时调整路缘石。

【禁忌 43】沥青面层压实度不合格

【分析】

造成沥青面层压实度不合格的原因如下：

1. 沥青混合料级配差。

2. 沥青混合料碾压温度不够。

3. 压路机未走到边缘。

4. 压路机质量小、压实度遍数不够。

5. 标准密度不准。

【措施】

为避免沥青面层压实度不合格，施工中应采取下列措施：

1. 确保沥青混合料的良好级配。

2. 做好保温措施，确保沥青混合料碾压温度不低于规定要求。

3. 当采用铺筑式路缘石时，可用耙子将边缘的混合料稍稍耙高，然后将压路机的外侧轮伸出边缘 10cm 左右碾压，也可在边缘先空出宽度为 30 ~ 40cm，待压完第一遍后，将压路机大部分重量位于已压实过的混合料面上再压边缘，减少边缘向外推移；当采用埋置式路缘石时，路缘石应在沥青面层施工前安装完毕，压路机应从外侧向中心碾压，且紧靠路缘石碾压。

4. 选用符合质量要求的压路机压实，压实遍数符合规定。

5. 严格按要求进行马歇尔试验，保证马歇尔标准密度的准确性。

【禁忌44】沥青面层压实度不均匀

【分析】

造成沥青面层压实度不均匀的原因如下：

1. 装卸、摊铺过程中所导致的沥青混合料离析，局部混合料温度过低。

2. 碾压温度不均匀。

3. 碾压混乱，压路机台套不够，导致局部漏压。

【措施】

为避免沥青面层压实度不均匀，施工中应采取下列措施：

1. 装料过程中料车应前后移动，运料车应覆盖保温。

2. 调整好摊铺机送料器的高度，使布料器内混合料饱满齐平。

3. 合理组织压路机，确保压轮的重叠和压实遍数。

【禁忌45】沥青面层孔隙率不合格

【分析】

造成沥青面层孔隙率不合格的原因如下：

1. 马歇尔试验孔隙率偏小或偏大。

2. 压实度未控制在规定的范围内。

3. 混合料中细集料含量偏低。

4. 油石比控制较差。

【措施】

为避免沥青面层孔隙率不合格，施工中应采取下列措施：

1. 在沥青拌合站的热料仓口取集料筛分，以确保沥青混合料矿料级配符合规定。

2. 控制碾压温度在规定范围。

3. 选用规定要求的压路机，控制碾压遍数。

4. 严格控制压实度。

5. 确保生产油石比在规定的误差范围内。

【禁忌46】沥青混合料油石比不合格

【分析】

造成沥青混合料油石比不合格的原因如下：

1. 混合料中细集料含量偏高。

2. 实际配合比与生产配合比偏差过大。

3. 拌合楼沥青称量计误差过大。

4. 油石比误差过大。

5. 承包商设定拌合楼油石比时采用生产配比误差下限值。

【措施】

为避免沥青混合料油石比不合格，施工中应采取下列措施：

1. 保证石料的质量和均匀性。

2. 调整生产配合比确保油石比在规定的范围内。

3. 对拌合楼沥青称量计进行检查标定，并取得计量认证。

4. 按试验规程认真进行油石比试验。

5. 保证矿料沥青用量的准确和吸尘装置工作正常。

6. 将每日沥青用量和集料矿料用量进行计算，验证油石比是否符合要求。

【禁忌47】沥青面层施工中集料被压碎

【分析】

造成沥青面层施工中集料被压碎的原因如下：

1. 石灰岩集料压碎值偏大。

2. 粗集料针片状颗粒较多。

3. 石料中软石含量或方解石含量偏高。

4. 碾压程序不合理。

【措施】

为避免沥青面层施工中集料被压碎，施工中应采取下列措施：

1. 选择压碎值较小的粗集料。

2. 选用针片状颗粒含量小的粗集料。

3. 控制碾压遍数，不要超压，以达到规定压实度为限。

4. 应按初压、复压、终压程序碾压，初压用钢轮，复压用胶轮，终压用钢轮，碾压应遵循先轻后重、从低到高的原则进行。

【禁忌48】沥青混合料检验中粉胶比不合格

【分析】

造成沥青混合料检验中粉胶比不合格的原因如下：

1. 矿粉用量不符合标准。

2. 用油量不符合标准。

3. 石灰岩集料压碎值偏大或针片状含量过高，造成石料被压碎，导致小于0.075mm级配数量增加。

4. 集料颗粒含有粉尘，拌合前集料未用水洗法筛分。

5. 拌合楼吸尘装置未能有效吸尘。

【措施】

为避免沥青混合料检验中粉胶比不合格，施工中应采取下列措施：

1. 严格控制沥青混合料生产配合比。

2. 选用压碎值小，针片状颗粒含量较少、0.075mm以下颗粒含量较少的石料。

3. 拌合前，集料应用水洗法筛分。

4. 保证拌合楼吸尘装置有效和沥青、矿粉用量准确。

【禁忌49】沥青面层厚度不足

【分析】

造成沥青面层厚度不足的原因如下：

1. 试铺时未认真确定好松铺系数。

2. 施工时未根据每天检测结果调整松铺厚度。

3. 未调整好摊铺机或找平装置。

4. 基层标高超标。

【措施】

为避免沥青面层厚度不足，施工中应采取下列措施：

1. 试铺时仔细确定松铺系数，每天施工中根据实际检测情况进行调整。

2. 根据每天沥青混合料摊铺总量检查摊铺厚度，并进行调整。

3. 调整好摊铺机及找平装置的工作状态。

4. 下面层施工前认真检查下封层标高，基层超标部分应刮除，补好下封层，再摊铺下面层。

【禁忌50】沥青面层横向裂缝

【分析】

1. 基层开裂放射到沥青面层。

2. 基层开挖沟槽埋设管线。

3. 通道沉降缝、搭板尾部与基层结合部产生不均匀沉降。

4. 下承层顶面未清扫干净，有污染或浮料，沥青混凝土在碾压时产生推移形成横向裂缝。

5. 终压时沥青混合料温度偏低，沥青粘结力下降，碾压时的推力产生碾压裂缝。

【措施】

1. 基层施工时严格控制配合比、压实度及加强养护工作，处治基层，采取防裂措施，减少基层横向开裂。

2. 严格控制沟槽、结构物、台背的路基回填质量，回填时应挖好台阶分层压实。基层开裂处、桥头搭板尾部和通道沉降缝处顶面铺设玻纤网，以降低对面层的影响，减少面层横向裂缝。

3. 在沥青混凝土摊铺前，必须将下承层顶面清理干净。

4. 严格控制终压时的沥青混凝土温度，及时碾压。

【禁忌51】沥青面层纵向裂缝

【分析】

1. 地基沉降不均匀引起路基路面纵向开裂。

2. 填筑路基时使用了不合格填料（如膨胀土），路基吸水膨胀造成路面开裂。

【措施】

1. 加固地基，使用合格填料填筑路基或对填料进行处理后再填筑路基。

2. 在裂缝两边各挖除一定宽度基层，采用厚度不小于20cm的钢筋混凝土补平基层的措施进行处理，其上加铺玻纤网处治，再铺筑沥青面层。

【禁忌52】沥青面层污染

【分析】

1. 交叉施工，运料车行驶过程中滴油洒料导致路面被污染。

2. 中央分隔带回填土或进行绿化工程时将土洒落到路面上导致路面污染。

3. 其他工程施工产生的砂浆污染。

4. 各种施工机械柴油泄漏。

5. 绿化浇水产生泥水污染。

【措施】

1. 实行路面交通管制，规范施工车辆行驶路线，禁止车辆滴油洒料。

2. 边坡、压顶、隔离栅施工时，中央分隔带回填土或进行绿化工程时都应在沥青路面面层上垫彩条布隔离。

3. 在沥青混凝土路面施工前尽量完成会产生污染的工程。

4. 中央分隔带浇水应喷洒，不应冲浇，或采用开沟挖坑浇水。

【禁忌53】沥青混合料残留稳定度不合格

【分析】

造成沥青混合料残留稳定度不合格的原因如下：

1. 4号料粉尘含量过高，砂当量不合格。
2. 矿粉亲水系数不合格。
3. 小于0.075mm部分与沥青用量的比例超标。
4. 用油量偏低。
5. 试验方法不规范。

【措施】

为避免沥青混合料残留稳定度不合格，施工中应采取下列措施：

1. 选用合格的原材料进行施工。
2. 严格控制好沥青用量，保证油石比符合要求。
3. 规范油石比检测试验操作方法。

【禁忌54】沥青面层平整度超标

【分析】

造成沥青面层平整度超标的原因如下：

1. 摊铺机及找平装置未调整好，导致松铺面不平整。
2. 摊铺过程中停车待料。
3. 运料车倒退卸料撞击摊铺机。
4. 下承层平整度很差。

【措施】

为避免沥青面层平整度超标，施工中应采取下列措施：

1. 仔细设置和调整，使摊铺机及找平装置处于良好的工作状态，并根据试铺效果进行随时调整。
2. 施工过程中摊铺机前方应有运料车在等候卸料，保证摊铺均匀、连续的进行，不得时快时慢，不得中途停顿，做到每天摊铺只在收工时才停机。

3. 路面各个结构层施工，均应严格控制好各层的平整度。

【禁忌55】面层水泥混凝土试件抗弯拉强度不合格

【分析】

造成面层水泥混凝土试件抗弯拉强度不合格的原因如下：

1. 混合料取样不具代表性，试件成型不规范。
2. 混凝土配合比不准确。
3. 试件养生条件不合格。

【措施】

为避免面层水泥混凝土试件抗弯拉强度不合格，施工中应采取下列措施：

1. 标定称料衡器，使配料准确。
2. 试件成型按规程要求，振捣要密实。
3. 试件养生条件要符合规定。

【禁忌56】水泥混凝土面层压纹深度不均匀

【分析】

造成水泥混凝土面层压纹深度不均匀的原因如下：

1. 压纹机重量不够或操作不熟练。
2. 局部石子顶在面层顶面，压纹机不能压下。
3. 压纹间隔时间过长，部分水泥混凝土已硬化造成压纹深浅不一。
4. 水泥混凝土面层不平整。

【措施】

为避免水泥混凝土面层压纹深度不均匀，施工中应采取下列措施：

1. 选用重量适宜的压纹机再配以熟练的操作手。

2. 采用人工压纹时应保证纹槽间隔与深度均匀。

3. 在混凝土表面抹平后混凝土初凝前应及时进行压纹。

4. 混凝土达到一定强度后用刻槽机刻槽。

【禁忌57】水泥混凝土面板断裂

【分析】

造成水泥混凝土面板断裂的原因如下：

1. 切缝过迟，缝深过浅，面板收缩断裂。

2. 施工停顿时间过长。

3. 路基发生不均匀沉降。

【措施】

为避免水泥混凝土面板断裂，施工中应采取下列措施：

1. 掌握切缝时间，采用多台切缝机施工，缝深符合要求。

2. 施工中应有备用设备，减少中间停顿。如果必须中间长时间停顿，应设工作缝。

3. 按设计处理地基，确保地基沉降均匀，施工后沉降符合设计规定。

【禁忌58】水泥混凝土面板平整度差

【分析】

造成水泥混凝土面板平整度差的原因如下：

1. 两侧模板或已铺面层平整度差或有水泥灰浆粘附。

2. 抹平做面的工人技术水平较差。

【措施】

为避免水泥混凝土面板平整度差，施工中应采取下列措施：

1. 模板安装应平整牢固，高程符合设计。

2. 将模板顶面和已铺筑面层表面的砂浆杂物清除干净。

3. 安排技术水平较好的工人抹平做面。

【禁忌 59】水泥混凝土路面混凝土强度不足

【分析】

1. 选用材料不当

（1）集料中针、片状石的含量过高。

（2）选用的砂较细且杂质含量高。

（3）随意掺合不同品种、不同规格的水泥使用。由于不同水泥中混合料质量及掺量都不同，掺合后水泥性能将发生变化，强度等级降低，而影响混凝土强度。

（4）粗集料采用砾石。

（5）砂、石材料杂质及风化材料含量过高，导致路面干缩变形和塑性开裂。

（6）对粗集料最大粒径控制不严，从而降低了混凝土的弯拉强度。

2. 外加剂对混凝土强度的影响

在掺有速凝剂或早强剂的混凝土中，由于水泥短期内硬化、水化，使水泥颗粒表面生成一层硬壳，阻碍了水泥进一步水化，导致后期强度偏低。

3. 配合比控制不严及计量不准确

（1）水灰比控制不准确

混凝土中的拌合水分结合水和自由水两部分。结合水的作用是使水泥水解和水化，自由水的作用是为了满足操作的要求。在混凝土硬化过程中自由水逐渐蒸发，使混凝土内部形成空隙。如果水灰比偏小，由于和易性差，影响施工操作，很难振捣密实，使混凝土强度降低；如果水灰比偏大，使混凝土密实度降低，强度也就降低。因此要严格控制水灰比。

（2）计量不准确

混凝土配合比是根据混凝土的强度、耐磨性、耐久性、和易性来确定。如果在配制混凝土时，各种材料的计量超过允许误差（水1%，水泥1%，外加剂2%，粗集料3%）就会影响混凝土的强度。同时计量不准确也影响砂石材料的级配，没有一个好的级配，混凝土的密实度就难以保证。因此，水泥混凝土路面、隧道、大桥、特大桥等有大体积混凝土施工的工程应采用拌合站并配置自动计量设备，不得用体积法计量。

4. 施工操作不规范

（1）砂石材料的含水量是随气候而变化的，施工中往往不重视这一因素，从而使水灰比失去控制。

（2）振捣不密实。从现场取芯的芯样上，往往会发现较多芯样气孔，这是混凝土振捣不密实的表现，密实度不足会直接影响混凝土的弯拉强度。

（3）标高控制不严，使混凝土板块薄厚不均，导致混凝土强度不匀。在混凝土板块薄厚不均界面，由于外力作用及材料收缩时产生拉应力，易产生裂缝，影响混凝土强度。

（4）摊铺混凝土前未湿润基层表面，由于未充分湿润基层，当混凝土摊铺以后，基层吸收了部分混凝土的水分，导致混凝土的水灰比发生改变，影响混凝土强度。

（5）养生不及时。混凝土的强度和结构的增长及形成有一个过程，并需要有一定的温度和湿度条件。如果不及时养生，会影响混凝土水化作用的正常进行和水化物的生成，从而影响混凝土的强度。

（6）随意向混凝土中加水。随意加水会增加混凝土中自由水，随着水分蒸发，使混凝土内空隙增大，强度降低。

（7）一盘中多余的混凝土在浇筑间歇摊铺在基层上面。对于一盘多余的混凝土在工作间歇摊铺在基层上的做法，是不允许的。但在工作中确实也碰到过，尤其是在低等级公路的混凝土浇筑中较多。很显然，加了这一薄层使面层厚度减少，且薄层未经振捣结构强度低，由于这一薄层的存在必定影响面层的强度。

【措施】

1. 严格材料管理，杜绝在工程中用不合格的材料。对进场的合格材料要按照规定的抽检频率进行检验；严格混凝土配合比的设计，要依据已进场的材料进行配合比的设计；在选择外加剂时，要根据工程的特点选择合格的产品进行试验，只有试验结果符合要求的产品才能使用。

2. 加强施工现场的管理。首先要严格控制混凝土路面基层的平整度及标高，保证混凝土路面厚度均匀；在摊铺混凝土前要确保基层顶面湿润，摊铺混凝土尽可能采用滑模摊铺机，如果采用三辊轴机组或轨模摊铺机要尽可能采用集料撒布机，保证摊铺均匀。混凝土振捣既要防止过振也要防止漏振。要杜绝向混凝土中随意加水改变和易性的做法。对于一个工作日结束后剩余的混凝土务必要舍弃，不能摊铺在基层上。

3. 加强混凝土的拌合管理。混凝土拌合设备尽可能采用带自动计量装置的拌合站，保证配合比准确，如果采用人工上料的方式拌合混凝土，要有专人负责过磅；根据天气变化，随时检测砂石材料的含水量，调整施工配合比，保证水灰比符合要求；施工企业应有完整的自检体系，并且要经过监理工程师的认可。

4. 要根据现场的情况选择合适的养生方法，养生期不得少于14d，在养生期内严禁交通开放。

【禁忌60】混凝土路面严重裂缝、断板

【分析】

1. 原材料选择不当

（1）水泥强度不足、安全性差、碱含量超标是混凝土开裂、断板的主要原因之一。一般情况下，路面混凝土宜选用碱含量不大于0.6%（质量分数）的水泥。

（2）混凝土配合比选用不当。路面混凝土的配合比应与结构混凝土有所区别，尤其是混凝土的砂率选择、水灰比、用水量的确定、单位水泥用量的多少、施工中的准确计量等都直接影响路面混凝土的性能。根据不同的施工机械和施工工艺，应综合考虑以上参数的选择，并以成型后表层砂浆层的厚度，适当调整配合比的组成，防止由于混凝土拌制不均匀及砂浆层过厚形成的收缩不均。

（3）集料（砂、碎石）含泥量及有机质含量超标。就路面混凝土与结构混凝土强度特性及受力特性来看，路面混凝土所用砂、石料的含泥量及有机质含量应比结构混凝土进行更加严格的控制，否则将直接影响混凝土的界面粘接强度及抗弯拉强度。同时过量的黏土含量有降低混凝土面层耐热性能，增大局部混凝土收缩膨胀的趋势。有资料表明，在同样的水灰比条件下，石英岩、石灰岩等亲水性集料与水泥石界面粘结力大，花岗岩等亲水性差的集料则反之。

（4）集料级配不良。不良的集料级配将可能导致混凝土的离析，粗、细集料聚集，形成强度和变形的薄弱区域。

2. 气候影响

路面混凝土相对于结构混凝土的蒸发表面积要成倍增大，因此，受气候的影响，表面温度变形也大得多。

（1）风向和风力。经验证明，当裸露的路面混凝土在四级以上风力的作用下，沿风向的垂直方向最有可能出现裂缝。

（2）高温条件下路面混凝土受到的负面影响主要表现在以下两个方面：

1）高温照射下的混凝土集料蕴含大量的热能，使得混凝土入模温度过高，加剧了已浇筑混凝土早期热量的增加，进而影响混凝土内部应力应变的平衡，形成裂缝。

2）促使混凝土水化热在较短时间内集中产生，导致混凝土强度裂缝。

（3）温差的影响。当外界气温变化较大时，将进一步增加混凝土内部的温差梯度，当其达到一定值时，混凝土的温度应力将造成路面板沿较小断面的开裂。

（4）干燥气候的影响。当大气温度较低，不能及时补充外界水分时，混凝土表面水分的丧失将很快造成表面的干缩裂缝。

3. 施工组织或施工工艺不当造成的混凝土路面板开裂、断板

（1）施工组织不当主要表现如下：

1）切缝深度过浅，或切缝不及时，是形成早期横向断板的主要原因。

2）相邻板各走通缝，对新浇筑路面板产生诱导裂缝，甚至断板。

3）过早的行车碾压，开放交通，将导致路面板的纵向开裂。

4）在不良地质地段，路基沉降未稳定前，过早铺筑混凝土路面，将极易产生路面板的开裂、断板。

5）混凝土浇筑间断。由于停电、运输不畅、机械故障、停料、气候突变等原因中断混凝土浇筑作业，再浇筑时未按施工缝处理，新旧混凝土由于结合不良和收缩不一致会形成一条不规则的接缝。

6）日温差较大的季节和地区，修整混凝土表面过程中，要避免阳光直射，整修后要及时覆盖养生，以免混凝土白天过多的升温，导致夜间降温时收缩过大。

（2）施工工艺不当主要表现如下：

1）混凝土振捣不均匀，漏振、过振，造成混凝土密实性不均，表面层砂浆厚度相差过大，极易形成区域性开裂。

2）混凝土拌制不均匀，导致混凝土拌合物“夹生”，粗、细集料聚积，形成混凝土凝结硬化过程中的应力集中现象。

3）采用真空吸水工艺时，如果由于两吸垫之间未重叠而导致漏吸，则漏吸处的水灰比与两侧相比较大，混凝土强度较低，收缩也大，会形成薄弱环节而开裂。如果控制不好真空吸水参数，两吸垫交接处也会由于两边的拉力过大而开裂。

4）传力杆安装不当，上下翘曲，则在混凝土伸缩和传力过程中混凝土就会被破坏，导致裂缝损坏。

4. 路基或基层施工不当造成断板

（1）基层不平整会大大地增加其与混凝土界面的摩阻力，导致较薄弱路面开裂。

（2）基层标高失控，造成路面厚度不一致，过薄或薄厚交界处将成为薄弱断面，在混凝土收缩时，由于难以承受拉应力而开裂。

（3）干燥的基层会吸收混凝土拌合物中的水分，使底部混凝土失水，强度降低，导致开裂。

（4）用松散材料处理基层不平整或标高失控时，上层混凝土拌合物的水分或砂浆下渗或被基层吸收，使下部混凝土变得疏松，强度降低。

（5）路基发生不均匀沉降，导致混凝土路面开裂。

5. 混凝土材料本身及施工要求的影响

（1）受当前水泥性能的影响，较难实现混凝土脆性的降低。据有关资料介绍，当混凝土的脆度系数（抗压强度与抗弯拉强度之比）降至 5.7 以下时，混凝土即具有较好的塑性。因此，过分强调路面混凝土抗压、抗弯拉强度的提高而不注意混凝土脆性的降低，将损害路面混凝土结构承受来自水平冲击力、竖向重力及抵抗温度膨胀产生的应力的能力，会增大路面板开裂、断板的可能。

（2）增加构造深度，提高路面混凝土的抗滑性。就宏观构造的形成而言，采取横向刻槽、拉毛等方式。但是，一些施工单位却以加大提浆量来达到抗滑构造深度及边缘规则、表面光滑的感观效果，这种做法不仅严重削弱了路面的侧向抗滑微观构造的作用，降低了面层混凝土的耐久性能，而且由于砂浆厚度的增加，加剧了表面收缩裂缝的趋势，最终导致路面板断裂。

6. 边界原因

（1）在双幅路面施工中，已浇筑一边的缩缝在另一边未开始浇筑前已经裂通，气温下降一定幅度时，断裂的缩缝两边混凝土板收缩，这样后浇筑还未切割的混凝土板受到较大的拉应力，而这时其混凝土强度还较低，当拉应力大于混凝土初期抗拉强度时，就会在先浇筑板缩缝对应位置发生不规则裂缝。

（2）有中央分隔带路缘石等高速公路和街道道路施工中，由于路缘带比路面先施工，当温度下降时路缘带本身会收缩，并带动初期强度很低的混凝土面板在路缘带裂缝处产生边界裂缝。

（3）基层稳定层已经发生裂缝，裂缝两边基层在气温下降时收缩，由于摩擦力作用，同样也会带动上面初期混凝土面板开裂。

7. 设计存在问题

（1）胀、缩缝及切缝填料选择不当，造成外界水沿缝隙下渗，加上板下基层排水不畅，形成唧泥现象，并导致面板断裂。水泥混凝土路面面板不仅要有足够的强度，还要有适宜而又完善的排水系统。当面板的强度不能承受由车辆荷载产生的应力时，面板即可能出现断板、松散或破碎。如果路面横坡设置不当、坡度过小，会使水流速度很慢，或路基排水不畅时，路基路面会被水浸泡，使路基发生变形，使路面出现唧泥，路面面板也随之变形而折断。因此，路面的强度和排水设计必须符合要求。

（2）面板跨越刚性结构物时，由于配筋不足，在结构物两侧路基填土残余沉降影响下，面层与路基脱空，造成板面断裂。

(3) 在当前水泥混凝土路面设计理论的影响下，忽视了运行期间路面板块的“活板”形态及其受力特性。

8. 初期微裂缝的发展

初期混凝土收缩形成未反映到表面的微小裂缝，使用一段时间后，受温度应力及行车荷载的双重作用，部分裂缝将逐渐增长、变深，以至造成面板断裂。

9. 超重车的影响

超重轴载换算成标准轴载后相当于标准轴载的 16 次方，因此，超重车的增加是水泥混凝土路面使用期间开裂断板的重要原因。

10. 排水不良

(1) 边沟水或裂隙水等渗入路基、基层和底基层，冬季冻胀时使路面产生纵向开裂。

(2) 路基及基层排水不良，使路面产生不规则断裂。

【措施】

1. 正确合理设计水泥混凝土路面

认真及时地组织设计人员和有关专家，对水泥混凝土路面的规范要求和设计理论进行深入细致的讨论和研究，提高对设计理论的认识和了解。根据当地的地理位置、地形、环境、水文地质和沿线工程，尤其是车辆的类别和交通量的组成以及地方材料的供应情况，提出符合实际的轴载等设计参数、路面结构、路基填料、材料组成、碾压方案和要求，设计出适宜的水泥混凝土面板以及完善的排水系统，提出合理经济的水泥混凝土配合比设计和要求。

2. 路面混凝土材料的选择与配合比设计的优化

路面混凝土由于主要承受竖向荷载的作用，其受力特性以抗弯拉强度为主，而影响混凝土抗弯拉强度的主要因素有：混凝土单位水泥用量，水灰比，外加剂的品种、掺量，粗集料粒形、粒径及水泥品种、性能等，在上述材料确定后，混凝土配合比的优化选择、混凝土的拌制方法、浇筑工艺、养生方法则是保证混凝土强度形成的关键，因此，从路面材料的选择及配合比设计的优化着手，应注意下列几个方面的问题：

（1）水泥的选用

除路面混凝土专用水泥——道路水泥外，宜选用的水泥品种有硅酸盐水泥、普通硅酸盐水泥，水泥强度等级宜为设计抗弯拉强度的10倍以上。选用时，除考虑水泥品种、强度等级外，还应注意水泥的碱含量（一般情况下，质量分数不大于0.6%）及水泥中混合材料的种类、掺量等。

（2）混凝土外加剂及混合材料的选择

就增强混凝土温度变形能力而言，掺入引气剂将在保持混凝土高强度的同时，降低混凝土的温度变形量，有助于提高混凝土板块的抗裂能力。混凝土中加入混合材料（如石灰、粉煤灰等），能够较明显地减少混凝土水化热，有利于防止混凝土由于温度应力产生的破坏。但是，应当注意，掺入任何混合材料必须通过试验确认其对强度、抗冻性、耐磨性等指标的影响。

（3）集料的选择

用于路面混凝土的粗集料的最大粒径不宜大于30mm，且宜采用连续级配的石子，细集料宜采用粗砂（混砂应调整其细度模数达到中粗砂标准）。

（4）混凝土配合比的优化选择

控制混凝土拌合物坍落度，选择适宜的砂率，确定合适的混凝土含气量以及较小的坍落度损失，是保证混凝土施工正常进行的关键。

3. 合理选择施工工艺，严格控制施工过程的质量

（1）尽量采用机械化施工，并注意机械的配套和能力匹配。

（2）要根据机械性能准确掌握混凝土的拌合时间，最长拌合时间不应超过最短拌合时间的3倍。混凝土拌合时，如果集料温度过高，应采用降温措施后再配料拌合。如果采用洒水降温方法，应及时测定含水量，调整拌合水用量，保证水灰比不变。

（3）混凝土路面施工开盘前，要仔细检查振动梁、发电机、运输车辆等机具设备，确保其完好。现场中要有备用机具，严禁故障机具施工，并检查施工运料道路是否通畅，确保施工的连续性。配料、拌合、运输、摊铺作业面要有序配合，对于气候突变、停料、停电等情况，应提前做好准备工作，调整工序，暂停面板施工。重新铺装时应按施工缝处理接缝。

（4）正确选择路面混凝土的浇筑时间，降低混凝土的入模温度。

（5）严格控制振捣时间和振捣方法，避免漏振及振捣不均匀。

（6）及时切缝。根据施工现场气温及水泥品种试验确定最早切缝时间，一般应采用多台切割机同时作业，以保证及时切缝。切缝深度为混凝土板厚的1/3～1/4，以保证剩余断面部分能吸收由于高温产生的内应力。有资料表明，软切缝工艺可提前切缝时间，预防水泥混凝土路面断板。

（7）规范缩缝、胀缝制作工艺，准确定位拉杆及传力杆

设置位置。

(8) 保证施工作业过程的连续性。

(9) 重视混凝土面板养生，采用优质养护剂或湿法养护，不要采用没有覆盖物只洒水的养生方法。

(10) 采用真空吸水工艺时，一定要注意两吸垫之间重叠足够尺寸，防止漏吸。

(11) 控制交通车辆，避免在混凝土强度不足的条件下，过早开放交通，养护车辆也应尽可能避免在面板上直接通行。

(12) 在昼夜温差较大的季节或地区，修整混凝土表面过程中，要设遮阳棚、避免阳光直射，整修后要及时覆盖养生，以保持温度变化不致太大。

4. 其他

(1) 边界控制

1) 要尽早将浇筑的面板切缝。

2) 中央分隔带、路缘石等结构物施工时，应在与混凝土面板接触处涂刷沥青，使双方能自由伸缩。

3) 基层养生结束后，及时浇筑水泥混凝土路面，以免基层由于暴露时间过长而产生干缩裂缝。如果出现裂缝，浇筑前应采取封闭裂缝处理，预防基层裂缝反射到面板上来。

(2) 及时采取措施，封填微裂缝。

(3) 桥涵施工过程中，应结合桥面铺装，认真处理好路桥结合部位，防止沉降不均匀。

(4) 加强养护工作，及时处理排水系统中发现的问题，以免造成较大的质量问题。

(5) 严格依法治路，严格控制超重车通行。

第3章 桥梁工程

第1节 桥梁基础

【禁忌1】混凝土强度偏低

【分析】

1. 无堆放水泥的库房，水泥堆放在未进行硬化的地面；水泥库房的地面没有硬化或防潮措施，导致水泥受潮，水泥强度等级降低，影响混凝土强度。

2. 混堆不同规格的砂石料。碎石的针片状、压碎值、级配等指标达不到要求，砂石料的含泥量过大，黄砂中含有较多的木炭、泥块、卵石等杂质，黄砂的级配差，石英含量低。

3. 混凝土拌合用水不符合要求。

4. 砂、石料的拌合用水计量不准确或根本就没有计量。

5. 施工时未按审批的混凝土配合比。

【措施】

1. 应选择地势较高处搭设地面硬化且有防潮处理的水泥库房。

2. 对进场用砂石料进行自检优选，选用含泥量低的砂、扩大砂石料的堆放场地，并硬化，分类堆放。应用高压水泵冲洗含泥量高的粗集料。

3. 应选择合格的拌合及养生用水。

4. 现场应设置计量设备，混凝土浇筑前应测定砂石料含水量。

5. 施工时严格按审批的混凝土配合比。

【禁忌2】混凝土构件出现裂纹、裂缝

【分析】

造成混凝土构件出现裂纹、裂缝的原因如下：

1. 水泥安定性不合格。

2. 大体积混凝土未采用缓凝和降低水泥水化热的措施。

3. 基础与支架的刚度、强度、稳定性不够引起的裂缝。

4. 同一结构物的不同位置温差大，导致混凝土凝固时由于收缩所产生的收缩应力超过混凝土极限抗拉强度或内外温差大表面抗拉应力超过混凝土极限抗拉强度而产生裂缝。

5. 未及时养生。

【措施】

为避免混凝土构件出现裂纹、裂缝，施工中应采取下列措施：

1. 采用安定性合格的水泥。

2. 大体积混凝土应优选粉煤灰水泥、矿渣水泥等低水化热水泥。

3. 优化配合比：改善集料级配、降低水灰比、掺加粉煤灰等混合材料、掺加缓凝剂。

4. 采用遮阳凉篷的降温措施以降低混凝土水化热、推迟水化热峰值出现。

5. 基础与支架应有较好的刚度、强度、稳定性，并应采取预压措施。

6. 同一结构物的不同位置温差应在设计允许范围内。

7. 及时养生。

【禁忌3】桩基混凝土灌注时混凝土出现离析，混凝土强度不足

【分析】

1. 混凝土原材料及配合比有问题，或搅拌时间不足。

2. 灌注混凝土时未用串筒，或串筒口距混凝土面的距离过大（大于2m），有时在孔口直接将混凝土倒入孔中，导致砂浆和集料离析。

3. 当孔内有水时，水未抽干就灌注混凝土。应该采用水下灌注混凝土时却采用了干浇法施工，导致桩身混凝土严重离析。

4. 局部需排水挖孔时，在灌注某一桩身混凝土的同时或混凝土未初凝前，附近的桩孔挖孔工作未停止，继续挖孔抽水，且抽水量较大，结果地下水将该孔桩身混凝土中的水泥浆带走，严重时混凝土呈散粒状态，只见石料不见水泥浆。

5. 灌注混凝土时未能堵住护壁的漏水，致使混凝土表面积水较多，而积水未清除就继续灌注混凝土，或采用水桶排水，结果连同水泥浆一同排出，导致混凝土胶结不良。

【措施】

1. 必须使用合格的原材料，混凝土的配合比必须由具有相应资质的试验室配制或进行抗压试验，以确保混凝土的强度达到设计要求。

2. 采用干浇法施工时，必须使用串筒，且串筒口距混凝土面的距离小于2.0m。

3. 当采用降水挖孔时，在灌注混凝土时或混凝土未初凝前，附近的挖孔施工应停止。

4. 当孔内水位的上升速度超过1.5cm/min时，可采用水下混凝土灌注法进行桩身混凝土的灌注。

5. 如果桩身混凝土强度达不到设计要求时，可进行补桩。

【禁忌4】桩基斜孔和弯孔

【分析】

1. 钻孔前没有严格地检查修理钻机。机架安装不正，护筒埋得不正。

2. 钻孔中间地质有变化。如地层软硬不均匀，或钻机支撑点强度不均匀等，在钻孔过程中：

（1）在有倾斜度的软硬地层交界处，岩面倾斜处钻进，或在粒径大小悬殊的卵石层中钻进，钻头受力不均匀；

（2）钻孔中遇到较大孤石或探头石；

（3）扩孔较大处，钻头摆动偏向一方；

（4）钻机底座未安置水平或产生不均匀沉陷。

3. 场地不平，钻机钻孔前未进行超平，以至于钻杆不直，导致钻孔倾斜。

4. 筑岛土料碾压不实，或在雨后施工，钻孔机械施工由于振动致使机械发生倾斜。

5. 钻孔时钻机摇晃，钻头受力不均产生倾斜。钻孔工作是灌注桩施工质量的关键，钻机就位时必须保持平稳，不发生移动和倾斜；钻机的底座和转盘应水平；钻杆、卡孔和护筒中心三者应在同一铅垂线上，保证垂直度。针对上述原因，采取下列防治措施：作好场地平整工作，松软场地及时进行分层碾压处理；雨期施工现场采取排水措施，以免钻孔处表面积水；钻机左右两侧增加调整装置，开钻前从两个方向校正钻杆的垂直度，一定要将钻头尖部对准桩位，对中误差严格控制在 $d/6$，并在钻孔时，经常校正钻机的垂直度。

6. 施工放样误差。

【措施】

1. 每根桩首件开工前，由项目经理部现场技术主管进行边施工边实地详细的技术交底工作。

2. 桩位放样，采用标定精确的全站仪进行放样，并经技术负责人审核，监理工程师批准后才能实施，放样偏差控制在 5mm 以内。

3. 要严格检查钻机。安置钻机前要夯实支撑点地基，安平钻机后要严格校对钻孔中心轴线。

4. 对地质变化情况要做到心中有数，如不规则扩孔或缩孔主要发生在地层变化处。如果发生以上现象，应及时调整进钻速度、泥浆稠度，并应上下扫孔使钻机逐渐正位。

5. 弯孔较严重时，如果用旋转钻机，可提吊起钻机在弯孔处上下反复扫孔，使钻孔垂直。特别严重时，应回填砂黏土，冲击钻孔应回填砂黏土夹小片石或砂卵石至弯孔以上 0.5m，待沉积或用低冲程冲击密实后，再钻进。

6. 终孔下骨架前，检查孔中心偏差在允许范围。

7. 骨架中心与桩位中心相重合，其偏差不得大于 1cm，骨架要固定牢固以免移位。

8. 发生岩面倾斜或遇探头石时，应吊着钻杆控制进尺，低速钻进，或回填片石卵石，然后用冲锤冲击。

【禁忌 5】桩基扩孔及缩孔

【分析】

1. 扩孔是由于孔壁坍塌或钻锤摆动过大所致；

2. 缩孔原因是钻锤磨耗过甚，焊补不及时或由于地层中有软塑土，遇水膨胀后使孔径缩小。

【措施】

1. 采取防止坍孔和防止钻锤摆动过大的措施；

2. 注意及时焊补钻锥，并在软塑地层采用失水率小的优质泥浆护壁；

3. 已发生缩孔时，宜用钻锥在该处上下反复扫孔以扩大孔径。

关于桩孔的扩径问题，在以上两个问题中均产生不同程度的扩径，值得补充的是地下流砂。地下流砂一般是在承压水的作用下，钻机将原有的平衡系统破坏使承压水带动细砂产生流动形成的，也是造成扩径甚至塌孔的主要原因。在实际施工中，要实地分析扩径的原因，采取正确措施。如果是地下流砂造成的，则通过采用反循环钻机，增加护壁泥浆的浓度减慢成孔速度以及外水头压力的办法，来预防孔壁坍塌造成的扩孔。

【禁忌6】钢筋笼在灌注混凝土时上浮

【分析】

1. 混凝土品质差，初凝时间短、易离析、坍落度损失大的混凝土，都会使混凝土面上升或到钢筋笼底端时，钢筋笼难以插入而导致顶托上浮。或有时混凝土面升至钢筋笼内一定高度，表层混凝土开始初凝，也会使其上浮。

2. 钢筋笼孔口固定不牢，稍受上冲力即引起上浮；或钢筋笼没有固定好，抗浮筋断裂。

3. 混凝土面到达钢筋笼底部时，导管埋深浅，灌注量大，混凝土对笼的上冲力过大。

4. 导管埋深过大。混凝土的上浮力变大，就容易托起钢筋笼。

5. 混凝土灌注时间太长，上部混凝土塑性降低或已初凝，结成硬壳，混凝土面上升时导致钢筋笼上浮。

6. 混凝土灌注速度太快，混凝土的上浮力大于钢筋的自重。

7. 由于混凝土表面与钢筋笼底口接近，导管底口在钢筋笼底口以下 3m 至以上 1m 时，混凝土灌注的速度过快，使混凝土下落冲出导管底口向上反冲，其顶托力大于钢筋笼的重力时所致。

8. 桩基灌注混凝土前，清孔不符合要求，孔底沉渣过多或泥浆比重过大。当钻孔深度达到设计标高后，孔内沉渣过深，当首灌混凝土下灌较快，导管内的泥浆冲击孔底沉渣，沉渣上翻对钢筋笼冲击较大，极易造成钢筋笼上浮。

9. 灌注混凝土时，如果钢筋向一侧移，或由于导管不对中，提升导管时导管法兰盘挂住钢筋笼而使钢筋笼上浮。

【措施】

1. 钢筋骨架上端与护筒相接固定在孔口处。

2. 桩基二次清孔泥浆指标及孔底沉渣必须符合规范要求，方可灌注水下混凝土。

3. 灌注中，当导管底口高于钢筋笼底 1m 至低于钢筋笼底部 3m 之间（指非通常钢筋笼），且混凝土表面在钢筋笼底部上下 1m 之间时，应放慢灌注混凝土的速度，并应使导管保持较大埋深，使导管底口与钢筋笼底端间保持较大距离，以便减小对钢筋笼的冲击。

4. 在施工半笼的桩基时，当浇筑的混凝土接触到钢筋时，要适当放缓浇筑混凝土的速度，因为这样，混凝土从上面导管下来正好冲击钢筋笼子的底面，从而导致钢筋笼子上浮，待浇筑的混凝土高度比钢筋笼子底面高出1~2m时，再加快浇筑混凝土的速度，这时桩中的混凝土已经裹住钢筋笼子，钢筋笼子将不会再上浮。

5. 一定要搅拌好混凝土。当混凝土和易性差或坍落度偏小时钢筋笼易上浮，应严格控制混凝土配比、坍落度，坚决禁止使用不合格的混凝土。

6. 需连续灌注混凝土，尽量减少浇筑时间。减少灌注时间，争取在最短的时间灌注完混凝土，以免混凝土表面形成硬壳带动钢筋笼上浮。

7. 导管的配置要好。导管的配置要使混凝土灌注到钢筋笼底部时不拆导管，导管口与钢筋笼底的距离较远，拆除导管后导管口进入钢筋笼底部以上，不可配置成拆除导管后，导管口在钢筋笼底附近。

8. 法兰盘导管注意挂笼子。法兰盘导管容易挂住笼子，当导管提升有困难时，应旋转导管，不可硬提。

9. 应考虑运输距离、气温影响。在夏季或运输过程中时间较长时，应加混凝土缓凝剂，运距远、气温高，混凝土容易初凝，以至于在灌注时出现混凝土极易抱裹导管，提导管时带动笼子上浮，遇到这种情况应经常活动导管，加快灌注。

10. 如果条件允许的情况下，采用在主筋上焊“倒刺”的方法，来避免钢筋笼上浮，效果很好。钢筋笼同一截面焊3~4个“倒刺”，每个笼子设两道即可。

11. 加大吊筋直径，在井口加配重，并可牢固地焊在护筒上。

【禁忌7】灌注混凝土时桩孔坍孔

【分析】

灌注水下混凝土过程中，发现护筒内泥浆水位忽然上升溢出护筒，随即骤降并冒出气泡，这是坍孔征兆。如果用测深锤探测混凝土面与原深度相差很多时，可确定为坍孔。

原因分析如下：

1. 灌注混凝土过程中，孔内外水头未能保持一定高差。在潮汐地区，没有采取措施来稳定孔内水位。

2. 护筒刃脚周围漏水；孔外堆放重物或有机械振动，使孔壁在灌注混凝土时坍孔。

3. 导管卡挂钢筋笼及堵管时，均易发生坍孔。

【措施】

1. 灌注混凝土过程中，要采取各种措施来稳定孔内水位，还要防止孔壁及护筒漏水。

2. 桩基清孔到灌注混凝土前，要保证桩内泥浆的相对密度（一般不小于1.1~1.2）；泥浆太稀导致泥浆护壁变薄，稳定性差。

3. 坍孔部位较深，或坍孔较严重时，宜拔出导管、钢筋笼，回填黏土，重新钻孔。

【禁忌8】桩头浇筑高度短缺，未能达到要求

【分析】

1. 吊索及测锤不标准，手感不明显，未沉至混凝土表面，误判已到要求标高，导致过早拔出导管，终止灌注。

2. 混凝土灌注后期，灌注混凝土产生的超压力减小，此时导管埋深较小。由于探测时，仪器不精确，或将过稠的浆

渣、坍落土层误判为混凝土表面。

3. 灌注混凝土中，有一层混凝土从灌注开始到结束，一直与水或泥浆接触，不仅受侵蚀，还难免混入泥浆、钻渣等杂物，质量较差，必须在灌注后凿去。因此，计算灌注桩的桩顶标高时，未在桩顶设计标高值上，增加0.5~1.0m 的预留高度。从而在凿除后，桩顶低于设计标高。

【措施】

1. 尽可能采用准确的水下混凝土表面测探仪，提高判断的精确度。当使用标准的测探锤检测时，可在灌注接近结束时，用取样盒等容器直接取样，鉴定好混凝土面的位置。

2. 对于水下灌注的柱身混凝土，为防止剔桩头造成桩头短浇事故，必须在设计桩顶标高值上，增加0.5~1.0m 的预留高度，高限值用于发生过堵管、坍孔等灌注不顺的桩；低限值用于泥浆相对密度小的、灌注过程正常的桩。

3. 有地下水时，接长护筒，沉到已灌注的混凝土面以下，然后抽水、清渣、按接桩处理。

4. 没有地下水时，可开挖后做接桩处理。

【禁忌9】桩基出现夹泥、断桩

【分析】

1. 灌注水下混凝土时，混凝土的坍落度过小，集料级配不良，粗集料颗粒太大，灌注前或灌注中混凝土发生离析；或导管进水等使桩身混凝土产生中断。

2. 导管进水，一般在灌注混凝土中坍孔；或灌注时间过长，首批混凝土已初凝，而继续灌注的混凝土冲破顶层与泥浆相混，均会在两层混凝土中产生部分夹有泥浆渣土的截面。

3. 灌注中，发生导管卡挂钢筋笼，埋导管，严重坍孔，而处理不良；或灌注中，发生堵塞导管又未能处理好时，都会演变为桩身严重夹泥，混凝土桩身中断的严重事故。

4. 清孔不彻底，孔内沉渣过多或泥浆相对密度过大。该情况主要表现在破除桩头后，桩头周边夹泥或混凝土未完全包裹钢筋笼，钢筋笼与混凝土之间有泥夹层。

【措施】

1. 桩基混凝土灌注前，桩基清孔必须符合规范要求。

2. 必须搅拌好桩基混凝土，各项指标必须达到要求方可灌注入孔。

3. 夹泥或断桩发生在桩顶部时，可将其剔除。然后接长护筒，并将护筒压至灌注好的混凝土面以下，抽水、除渣，进行接桩处理。

4. 对桩身用地质钻机钻芯取样，表明有松散、蜂窝、裹浆等情况（取芯率小于40%时）；桩身混凝土有局部混凝土松散或夹泥、局部断桩时，应采用压浆补强的方法处理。

【禁忌10】土质基坑开挖基底后被水浸泡，土层变软，承载力降低

【分析】

1. 由于连续降雨，使基坑内积水。

2. 地下水位较高，降水效果欠佳。

3. 当采用坑内排水时，排水量小于出水量。

4. 由于种种原因，在基坑开挖后未及时进行基础施工，基坑暴露时间过长，泉水渗到基坑内，或地表水流入基坑内。

【措施】

1. 基坑开挖至基底 0.3 ~ 0.5m 时，可根据天气情况来安排下一步工序，当天气晴朗时，挖去预留部分，然后进行

基坑检验，检验合格后立刻进行基础的施工。

2. 雨期施工时，为了防止雨水流进基坑，应在基坑四面0.5～1.0m外的地方打土垄或挖排水沟。

3. 地下水位较高时，应当采用井点降水或在基坑四周开挖集水井和排水沟，随时排水以降低地下水位，集水井和排水沟的深度应比基坑深0.5m，并有坡度，集水井应比排水沟最低处深1.0m，详细尺寸根据降水范围决定。

4. 要将排水设备准备充足，随挖随排水，以坑内不积水为准。

5. 在靠近水渠、河沟的地方开挖基础基坑时，应在基坑外（靠近水渠、河沟的地方）挖一条截水沟，将流入基坑的水源截断，截水沟外侧距基坑的距离应大于3m。

6. 接近基底标高20cm时停止开挖，待地下水位降到基底标高50cm以下时，才能进行清底工作。

7. 如果基坑被水浸泡，可将被浸泡的软土挖除，用砂砾、石灰土或级配碎石回填至设计标高。

【禁忌11】堰身、堰底渗水

【分析】

1. 围堰的形式选择不当，未按设计要求施工。

2. 筑堰材料选择不符合要求，导致渗水。

3. 板桩围堰的榫口、锁口接缝处止水措施不当。

4. 受围堰内外水头压力的影响，河床被压缩的水流流速影响，以及如钢板桩打入土层深度等因素的影响，堰身及基层常出现渗水现象。

【措施】

1. 应根据河床水位高度、河床地质情况以及河水流速选择适宜的围堰形式。按设计要求正确处理堰身渗水。

2. 采用土、土袋以及竹、铅丝笼围堰，筑堰材料宜用砂夹黏土或黏性土，高出水面后应进行夯实。

3. 采用钢板桩、钢筋混凝土板桩围堰应在榫口、锁口接缝处采用止水措施。

4. 对于堰身及基底渗水，一方面要采取止水措施；另一方面要在基底四周设集水坑和排水沟进行排水，必要时根据土质及地下水位情况以及有无承压水采用井点降水处理。

【禁忌 12】堰身强度和稳定性不足

【分析】

造成堰身强度和稳定性不足的原因如下：

1. 堰身形式选择不当。

2. 围堰内支撑结构受力情况未经计算，安全系数不足。

3. 水流流速过大，冲刷影响。

4. 不了解河床土质情况，围堰形式（如套箱）与岩石产生倾斜角度，稳定性较差。

【措施】

1. 堰身一定要选择适宜的形式，对于深水基础的围堰宜采用钢板桩、钢筋混凝土板桩，套箱以及双壁钢围堰形式，随着水头高度的不同，堰内应根据受力计算设支撑结构，保证堰身强度符合设计要求。

2. 无论何种形式的围堰，都必须考虑围堰后河床压缩水流流速增大产生的河床冲刷的影响，保证围堰的稳定性。

3. 合理选择土、土袋围堰迎水和背水的边坡坡度以及钢板桩、钢筋混凝土板桩围堰的入土深度及止水措施、双壁钢围堰的锚锭系统。如套箱围堰，若套箱设置于岩层上时，应整平岩面。如果基岩岩面倾斜，将套箱底做成与岩面相同的倾斜度，以增加套箱的稳定性并减少渗漏。

【禁忌13】基坑回填时填料不当、压实不足

【分析】

1. 施工时未能慎重考虑桥台台后的回填土，施工人员用料不当、控制不严，未能达到设计要求。需特别注意的是，施工不良比材料不良更易造成构造物台后填料的下沉。

2. 施工期间占用桥头，最后填筑桥头填土（甚至基坑回填），以致填土处于工期末期，无法很好地控制回填土的压实度，使填方体产生竖向固结变形，形成较大的工后沉降，在台背与路基连接处由于沉降形成台阶，如果赶上施工后期的赶工期，就更加严重。

【措施】

1. 选择合适的回填材料（如轻质材料），分层压实，按规范施工，且分层厚度宜在0.10~0.15m之间。

2. 确保基坑回填及早施工，并使其有一定的施工期，减少工后沉降。

3. 提高基坑回填压实度标准，防止产生构造物与路基连接处的台阶现象。

【禁忌14】沉井下沉中心偏位或位移过大

【分析】

造成沉井下沉中心偏位或位移过大的原因如下：

1. 筑岛被水流冲坏或沉井一侧土被水流冲空而未及时加固。

2. 没有对称地抽取垫木或及时回填夯实。

3. 挖土不均匀，使井内土面高低相差很多。

4. 井底挖得过深，刃脚下挖空过多，沉井骤然下降，易使沉井倾斜。

5. 沉井刃脚下土层软硬不均匀或刃脚一角或一侧被障碍物阻住而未及时发现处理。

6. 井外弃土或其他原因形成对井壁的偏压，使沉井产生水平推移。

7. 排水开挖时井内涌砂，使沉井偏斜。

8. 岩层或土层倾斜面过大，沉井沿斜面滑动。

【措施】

为避免沉井下沉中心偏位或位移过大，施工中应采取下列措施：

1. 防止筑岛被水流冲坏，加强对筑岛的维护，在受水流冲击一侧可抛石防护。

2. 要对称地抽取垫木。

3. 井内挖土要均匀，井内土面的高低相差不要太大，刃脚下挖土不要过深，发现障碍物要及时清除。

4. 井外弃土要保持对称。

5. 应凿去表面风化岩层或松散软岩层并尽量整平，使沉井刃脚的2/3以上嵌在岩层上，嵌入深度应大于0.25m，其余部分未到岩层的刃脚可由人工用麻袋装混凝土等堵塞缺口，刃脚以内井底的倾斜面应做成台阶，清渣封底。

6. 当沉井发生倾斜时，可在刃脚较高一侧多挖一些土，在下沉的同时纠正沉井的倾斜。

7. 在沉井面高起的部位施加重物，以纠正其倾斜。

8. 利用井外填土或挖土来改变沉井外的土压力以纠正沉井的倾斜。通常在沉井低的一侧填土，以增加摩擦力，而在沉井高的一侧挖土，以减小土压力和摩阻力。

9. 当沉井下沉的深度距设计标高相差较大时，为了纠正井底的偏差可以有意识地让它倾斜下沉接近设计位置，但要防止纠偏过头。

10. 当沉井下沉较深偏差较大，用其他方法不能纠偏时，可在偏高一侧用钢丝绳施加水平拉力，同时在其外部冲射高压水，以纠正偏差。

【禁忌15】排水下沉时沉井倾斜

【分析】

造成排水下沉时沉井倾斜的原因如下：

1. 井内挖土不当，各部位挖土范围及深度不对称，导致沉井侧倾。

2. 沉井本身自重不对称，在下沉过程中发生不均匀下沉。

3. 沉井一侧超载严重，或一侧长期有大型机械设备停置。

4. 沉井在下沉过程中局部遇到障碍物，导致沉井发生倾斜。

【措施】

为避免排水下沉时沉井倾斜，施工中应采取下列措施：

1. 沉井内挖土要均匀、对称，使沉井均匀下沉。

2. 在沉井下沉过程当中，经常测量，如果发现有偏斜质量问题及现象时，及时采取措施进行纠偏。

3. 严禁在沉井一侧堆放弃土或长期停放大型机械设备。

4. 当探明沉井范围内有障碍物时，要及时进行处理。

5. 井内刃脚较高处多挖土、先挖土。

6. 沉井偏低一侧，采用加支撑等方法阻止下沉。

7. 沉井偏高一侧，采用冲高压水阻止下沉。

【禁忌 16】沉井封底后底板渗漏

【分析】

1. 井底内的地下水未处理好，浇筑底板时在混凝土内部出现渗漏通道。

2. 在浇筑底板混凝土时有漏振或振捣不密实，导致底板局部出现渗漏。

3. 由于井壁（与底板混凝土结合处）凿毛效果不好或清洗不净，导致底板混凝土与井壁结合不好而渗漏。

4. 泄水管外的止水效果不好。

【措施】

1. 封底混凝土施工前，应将地下水引流集中排除。

2. 浇筑底板混凝土时，混凝土中宜掺入适量膨胀剂，同时要注意振捣密实，不可漏振。

3. 要将底板范围内的井壁凿毛清洗干净，保证底板混凝土与井壁结合牢固。

4. 对底板渗漏部位采取防水压浆封堵措施，根据渗漏部位及渗漏量大小可在混凝土表面涂刷封堵剂或压注聚氨酯或水泥浆等。

5. 做好泄水管外的止水工作。

第 2 节　桥梁下部结构工程

【禁忌 17】桥背、涵背填土工后不均匀沉降

【分析】

1. 地基强度不同

桥台和台后路基的地基一般情况为同一类型的地层，但一般只对桥台地基进行加固处理设计，而对台后填方路段下的地基一般不进行加固处理设计，桥台地基变形远小于台后填方的基础沉降变形，同时路基是柔性体，桥涵是刚性体，因此桥台和台后填方段产生差异沉降变形，导致桥头跳车。

2. 台后填料不当

施工时对桥台台后的回填材料质量把关不严，材料级配、粒径未达到设计及施工规范要求，填料含水量不合适，试验标准击实不准确。施工人员用料不当、控制不严，未能达到设计要求。

3. 台后填料或地基受渗水侵蚀

在桥台和台后填方之间或者锥坡部位，降水易沿路面或锥坡体下渗，下渗水对土类填料易产生软化和侵蚀，降低强度，从而导致填方体变形。对砂砾石类填料，一般填方体中部压力大，向两侧边坡压力逐渐减小，从而使地基产生凹形沉降变形，当水沿砂砾石下渗到地基后，下渗水不易快速排泄，从而使地基软化，并加速地基的变形。

4. 台后填料压实不足

在台背回填的施工中，未能很好控制分层厚度，压路机碾压遍数不够，导致台背填料压实度达不到设计和规范要求。此外，为避免破坏桥台结构，重型压路机不能过于靠近，也往往使靠近桥台部位的填方体不易达到设计和压实度要求。

【措施】

1. 对地基进行加固处理

进行回填前，首先了解地基地质情况，并进行地基承载力试验，取样做土的密度、含水量和剪切试验。对桥台附近地基进行强夯或蓝派压路机进行加固处理，消除地基土层被压缩的影响，对于特殊地基，在分段计算填方自重压力后，采用换填砂砾或灰土，做混凝土垫层，打挤密桩、水泥搅拌桩等方法进行处理。

2. 回填材料的选择

台背回填宜采用透水性材料，采用天然砂砾必须控制其最大粒径不能超过分层厚度的2/3，并不能含有杂质，含泥量不能超标。如果使用灰土，必须经过剂量滴定、重型击实、含水量等试验确定达到规范要求，拌合用土不得含有泥草、冻土块或腐殖物。在一些高速公路的施工中对透水性材料采用水沉法加快沉降，增加密实度。具体做法是处理基底时铺满防渗土工布，土工布上布设排水管，然后正常回填，每回填2～4m高，即进行蓄水沉降（水可以通过排水管渗到路基外侧临时排水沟中），密实效果较明显。桥台牛腿和耳墙下不易压实，会留下质量隐患，可采用片石砌筑。

3. 土工合成材料的应用

合理设置抗拉土工隔栅，既可以提高地基承载能力，又可以减少路堤填筑后的地基不均匀沉降，同时也不影响排水。抗拉土工隔栅宜从底到上隔层设置，可保护台背的整体稳定性，防止局部沉降。

4. 台背填方的碾压

台背回填尽可能与路基填筑同步进行。合理安排工期，留有足够的自然沉降时间。

回填灰土应分层填筑并严格控制含水量，分层松铺厚度必须小于15cm。回填时尽可能使用大型压实机械，当受到场地限制时，可以采用横向碾压法，以能使压路机尽可能靠近台背进行碾压。不能使用压路机碾压的地方，使用手扶式冲击夯进行夯实。对于涵洞肥槽的回填采用开台阶的方法，每层台阶的厚度不超过50cm。进行台背回填施工时，要注意平衡填料土压，不得发生偏压，回填压实度必须达到96%以上。

为使桥台填方达到要求的密实度，必须完善施工工艺、方法和施工质量管理。桥涵与桥涵端部路堤是两种不同性质的结构物。为了使两者之间的沉降差尽可能小一些，可在现有基础上提高该处路堤的压实要求。除了路基顶部土层可提高至98%或更高以外，整个路堤的压实度都应尽可能提高。为提高压实度，可以适当减薄压实土层厚度以及增加压实遍数。在施工管理上，应委派专人负责桥涵回填，试验密切配合，层层把关，保证回填质量。设置完善的排水措施。

如果台背回填材料采用灰土，施工时保证施工中的排水坡度，设置必要的地下排水措施。另外，在桥台与填方段结合处及过渡段的路面下设置二灰砂砾垫层，以免路面下渗水进入填方体。

【禁忌18】挖孔桩施工时，出现坍孔

【分析】

挖孔桩施工时，出现坍孔的原因如下：

1. 桩孔较深、土质较差。

2. 出水量较大或遇淤泥、流砂。

3. 护壁混凝土未按要求施工。

【措施】

1. 如果桩孔较深、土质较差、出水量较大，应采用就地灌注混凝土护壁，每下挖1~2m，灌注一次，并随挖随进行护壁。护壁厚度一般采用15~20cm。特殊情况下需加钢筋以提高护壁稳定性。

2. 如果土质较松散，而渗水量不大时，可考虑用木料作

框架式支撑或在基本框架后面铺架木板作支撑。

3. 在出水量大的地层中挖孔时，可采用下沉预制钢筋混凝土圆管护壁。

4. 流砂

在开挖过程中如果遇到细砂、粉砂层地质时，再加上地下水的作用，极易形成流砂，严峻时会发生井漏，造成质量事故，因此要采取有效可靠的措施。

（1） 流砂情况较轻时

缩短一次开挖深度，将正常1m左右一段缩短为0.5m，以减少挖层孔壁的暴露时间，及时灌注护壁混凝土。当孔壁塌落，有泥沙流入而不能形成桩孔时，可用编织袋装土逐渐堆堵，形成桩孔的外壁，并保证内壁尺寸符合设计要求。

（2） 流砂情况较严重时

常用的办法是下钢套筒，钢套筒与护壁用的钢模板相似，以孔外径为直径，可分成4~6段圆弧，再加上适当的肋条，相互用钢筋环扣或螺栓连接，在开挖0.5m左右，即可分片装入套筒，深入孔底不少于0.2m，插入上部混凝土护壁外侧不小于0.5m，装后即支模浇筑护壁混凝土。如果放入套筒后流砂仍上涌，可采取突击挖出后即用混凝土封闭孔底的方法，待混凝土凝结后，凿开孔心部位的混凝土以形成桩孔。也可用此种方法，应用到已完成的混凝土护壁的最下段，使孔位倾斜至下层护壁以外，打入浆管，压注水泥浆，使下部土壤硬结，提高底部及周围土壤的不透水性，以解决流砂现象及质量问题。

5. 淤泥质土层

在碰到淤泥等软弱土层时，一般可用木方、木板模板等支挡，并要缩短这一段的开挖深度，及时浇筑混凝土护壁，每次支挡的木方、木板要沿周边打入底部不少于0.2m深，上部嵌入上段已浇好的混凝土护壁后面，可斜向放置，双排布置互相反向交叉，能达到很好的支挡效果。

6. 除做好护壁工程外，还应配备一定的排水设备，以备使用。

【禁忌19】墩柱顶部水平裂缝

【分析】

1. 墩柱顶部混凝土的压力小，混凝土凝固时产生干缩裂缝。

2. 过振造成大石料下沉，柱顶部分集料减少，易在最上层箍筋处形成环状水平裂缝。

【措施】

1. 混凝土初凝前进行二次振捣。采用二次振捣可以消除由于塑性沉降而引起的内分层，改善集料界面结构，提高混凝土强度和抗渗透能力。

2. 拆除最上部的箍筋。

3. 二次振捣完毕后，在墩柱顶上压砂袋，以增加对上部混凝土的压力。

4. 当裂缝形成环状裂缝，且深度未达到箍筋位置时，可用环氧树脂进行灌注封闭裂缝。当裂缝深度达到箍筋或超过箍筋时，应凿除裂缝以上部分重新浇筑混凝土。

5. 当裂缝未形成环状时，可用环氧树脂进行灌注来封闭裂缝。

【禁忌20】钢筋保护层偏薄

【分析】

1. 钢筋保护层垫块设置不当。

2. 墩柱钢筋同桩基钢筋连接处由于桩基钢筋偏位而强行纠偏，导致一侧钢筋保护层减薄。

【措施】

1. 钢筋保护层的垫块要沿钢筋笼四周均匀设置。

2. 桩基接桩时，桩头一定要处理到满足规范的指标要求，保证桩头部位钢筋四周匀称，保护层厚度一致。

【禁忌 21】墩柱混凝土分层印迹明显、色差严重、表面出现水纹

【分析】

1. 使用水泥品种不合适（使用矿渣水泥时易发生水纹问题）。

2. 材料级配发生了变化，导致坍落度变化较大。

3. 当墩柱的高度超过 2m 时，由于未设置串筒致使混凝土发生离析；振捣时过振或漏振。

4. 两层混凝土振捣时振捣棒未深入到下层混凝土中，或浇筑时间间隔过长，导致两层混凝土未结合好。

【措施】

1. 尽可能不采用矿渣水泥，由于使用矿渣水泥后，混凝土表面泌水严重。

2. 严格控制混凝土的坍落度，保证混凝土的和易性。

3. 当墩柱的高度超过 2m 时，在浇筑混凝土时要设置串筒，或泵送混凝土接串筒至分层浇筑部位。

4. 混凝土分层浇筑振捣的厚度一般为每层 30cm，振捣时振捣棒应深入下层 5cm 左右，不可超厚，否则振捣效果不好。混凝土应连续浇筑，两层之间的浇筑时间间隔不可过长。

【禁忌22】墩柱施工时模板移位和漏浆

【分析】

墩柱施工时，造成模板移位和漏浆的原因如下：

1. 模板定位后，四周拉杆的松紧程度不一，在浇筑混凝土过程中模板向拉杆较紧的一侧倾斜。

2. 立模板的基面不平整，导致模板倾斜。

3. 模板定位并固定好后，其中的某一根拉杆受到外力的冲击，导致模板移位。

4. 模板变形导致接缝处的间隙较大，密封不好，在浇筑混凝土时出现漏浆。

5. 模板接缝或模板底部露浆。

【措施】

墩柱施工时，为避免模板移位和漏浆，施工中应采取下列措施：

1. 使用整体钢模板，尽可能减少接缝。

2. 模板定位后，四周拉杆的松紧程度要一致，而且在浇筑混凝土前一定要进行复测，以确保桥墩的中心位置符合设计要求。

3. 安装模板前对模板进行认真检查，变形的模板要经过整修后方可使用，模板接缝要用胶条或海绵条进行密封。

4. 支模板前应对支撑面进行整修，使之处于水平状态。

5. 模板底部要用砂浆进行密封，待砂浆达到一定强度后方可进行混凝土浇筑。

【禁忌23】桥墩滑模施工时局部坍塌或掉角

【分析】

造成桥墩滑模施工时局部坍塌或掉角的原因如下：

1. 滑模施工时分段不当。

2. 滑模提升过快。

3. 千斤顶高差偏大。

4. 角部振捣不好，混凝土强度较低。

【措施】

为避免桥墩滑模施工时局部坍塌或掉角，施工中应采取下列措施：

1. 滑模施工时分段要适当，合理。

2. 滑模的提升速度要适宜，不可过快。

3. 要经常观察，注意使千斤顶的高差不要过大。

4. 在混凝土振捣时，不要漏振，保证振捣质量。

5. 控制好混凝土的坍落度，添加外加剂，提高混凝土的早期强度。

6. 局部掉角或坍塌可采用同强度等级细石混凝土进行整修。

7. 如坍塌面积较大、无法修补，则需将混凝土凿除然后重新浇筑。

【禁忌 24】桥墩滑模施工时模板扭转和偏移

【分析】

造成桥墩滑模施工时模板扭转和偏移的原因如下：

1. 操作平台上的荷载不均匀。

2. 千斤顶爬升速度不一致。

3. 混凝土浇筑程序不合理。

4. 风力及其他外力冲击等。

【措施】

为避免桥墩滑模施工时模板扭转和偏移，施工中应采取下列措施：

1. 操作平台上的荷载堆放要保持均匀，经常检查，如果发现荷载不均匀后要及时纠正。

2. 千斤顶的爬升速度要一致。

3. 要分层浇筑混凝土，落差较大（如超过2.0m）时必须设串筒以减缓混凝土的冲击力，最好用泵送混凝土接串筒分层浇筑。

4. 当模板偏移或倾斜时，可提高模板较低一侧千斤顶的爬升速度。

5. 如果模板同时出现偏斜与扭转时，应先纠正偏斜，再纠正扭转。其方法是提高对角线上千斤顶的爬升速度，使模板造成有利的高差，调整到正确位置。

【禁忌25】支架不均匀沉降造成盖梁底部下挠变形

【分析】

支架不均匀沉降造成盖梁底部下挠变形的原因如下：

1. 支撑钢梁选型不当，其强度、刚度不能满足所承荷载的要求。

2. 地基承载力低，下沉过大。

【措施】

施工前，应根据所浇筑构件的荷载及施工荷载情况，按规范规定的荷载组合要求，对模板支架进行认真的设计验算，并需选定可靠的安全系数。

1. 根据验算，合理地选择可靠的模板支承钢梁的规格、型号，其强度、刚度均应满足施工要求。

2. 根据支撑的分配荷载，对其地基承载力进行验算，无法满足施工要求的应进行必要的硬化处理。

3. 需要加密支撑时，应通过计算确定支撑杆件的数量、间距，同时对支撑杆件的强度、刚度、稳定性进行验算，均应能够满足施工要求。

4. 为了防止雨期施工地基出现下沉，应在支撑外围开挖排水沟，保证及时将地面水排除。

5. 必要时进行支架预压或采用其他形式的盖梁施工方法，如摩擦抱箍、预留孔牛腿支撑等方法。

【禁忌 26】盖梁、台帽混凝土出现跑模、胀模

【分析】

1. 施工构件的模板刚度、强度偏低，不符合构件混凝土浇筑和养生的要求。

2. 模板固定、拼装不稳定，局部对拉固定螺栓未能固定。

3. 支撑结构的变形、下沉导致混凝土构件局部出现跑模现象。

【措施】

1. 支撑结构必须满足盖梁、台帽等构件混凝土施工强度、刚度、稳定性的要求。

2. 浇筑混凝土前应对支架、模板及支架斜撑等进行全面检查，防止漏装，需认真检查模板的标高及几何尺寸。

3. 浇筑混凝土时派木工在每个作业面观察侧模变位，一旦发现跑模，立即停止浇筑混凝土，尽快处理问题，以免混凝土凝固出现工作缝。

4. 应仔细检查模板上对拉杆。

【禁忌 27】大体积混凝土产生裂缝

【分析】

1. 由于地基变形引起的裂缝。由于地基不均匀沉降或水

平方向位移，使结构产生附加应力，超出混凝土结构的抗拉能力，导致结构开裂。

2. 混凝土收缩产生的裂缝。混凝土浇筑完毕后，缩水收缩和塑性收缩是混凝土表面产生裂缝的主要原因。

3. 由温差变化产生的裂缝。在施工过程中，混凝土浇筑完毕后，由于水泥水化时产生大量热量，致使内部温度升高，内外温差过大。在温度应力的作用下，使混凝土表面出现裂缝。

【措施】

1. 当基底土质变化较大或承载力不均匀时，应按有关规定进行处理，使基底具有均匀的承载力。

2. 为避免出现缩水裂缝，在混凝土浇筑后应加强养生，保持混凝土表面湿润，避免忽湿忽干。为减少混凝土塑性收缩，应严格控制混凝土的水灰比，振捣密实，以免过振。

3. 根据实际情况，应选择水化热低的水泥（如矿渣水泥、大坝水泥、粉煤灰水泥或强度等级低的水泥）；限制水泥用量；降低集料入模温度，并缓慢降温（对混凝土结构进行覆盖保温）。

4. 对于刚刚出厂的水泥，要经过至少2周的熟化方可使用（有时水泥供不应求，刚刚出厂便送到工地，该水泥必须熟化后方可使用）。

5. 当承台的水平截面过大时，不能在前层混凝土初凝或重塑前浇筑完成次层混凝土时，可分块进行浇筑。浇筑时应符合以下规定：

（1）分块高度不超过2m。

（2）分块应合理布置，各分块平均面积不小于$50m^2$。

(3) 上下邻层混凝土间的竖向接缝应错开位置并做成企口，按施工缝处理。

(4) 块与块间的竖向接缝面应与基础平截面长边垂直，与平截面短边平行。

6. 在混凝土中掺加适量的膨胀剂，对混凝土的收缩进行补偿。

7. 在混凝土中可掺加片石、外加剂等以减少水泥用量。

8. 混凝土浇筑完毕后，为控制混凝土内外温差，可在混凝土顶面采用蓄水并覆盖塑料布进行养生，使混凝土的表面温度控制在一定的范围内，降低混凝土内外温差。

9. 在高温季节施工时，应避开高温时段施工，尽可能安排在气温较低时进行混凝土浇筑。同时对原材料进行降温(如对石料进行冲水降温，或对砂、石料进行遮阳)，并用冷却水进行拌合，以降低混凝土浇筑后的内部温度。

10. 当采取以上措施仍无法降低混凝土内外温差时，则必须在混凝土内部埋置铁管，采用薄层连续浇筑，以便加快散热，或采用循环冷却系统进行内部散热。

11. 当混凝土基础出现裂缝时，可用钢箍加固或扒钉钉合封闭裂缝。

12. 当裂缝较小时，可用环氧树脂灌注、碳纤维粘贴加固等方法进行处理。

【禁忌 28】 轻型桥台向桥孔方向位移或倾斜

【分析】

1. 台背土压力较大，土压力的中心较高，倾覆力矩较大，导致台身发生倾斜。

2. 台背土压力大于基底摩阻力，导致台身向桥孔方向位移。

3. 未做支撑梁或未进行梁板安装前，就先行回填台背。

【措施】

1. 轻型桥台背后回填应在上部梁板安装完毕及下部支撑梁完成后再进行。

2. 在地基承载力满足要求的条件下，加大桥台及基础的自重，提高基底摩阻力。

3. 设计时可以考虑采用组合桥台（如基础下加桩），提高抗滑性。

4. 台背回填采用轻型材料（如粉煤灰），以减轻土压力。

5. 两端台后回填时应对称平衡进行，尽可能不用大吨位振动压路机强振，以静压为宜。

6. 台后增设挡土墙，减小桥台的土压力。

7. 台后换填灰土，增大内摩擦角，减小台后填土对桥台的土压力。

8. 整个通道施工完毕后，或在安装完预制梁板后，再进行台背回填，以防止桥台发生倾斜。

9. 跨径较小的桥梁，采用在基础之间加设支撑梁的方法，以抵抗桥台位移。

【禁忌29】重力式墩台身施工中出现裂缝

【分析】

1. 温差裂缝

主要是由于大体积混凝土施工不规范，以及施工方案不可行等所产生，其次是混凝土养生不当。

2. 收缩裂缝

养生不良时，拆模后墩身混凝土表面常出现裂缝，这些裂缝以竖直向为多。

3. 模板变形

在弹性支承的模板内灌注混凝土，当底层已经初凝后，由于重力作用灌注的混凝土常使模板变形，使初凝的底层混凝土受剪、受拉而产生裂缝。

4. 新、老混凝土接缝不良。

【措施】

1. 严格按施工工艺施工，使混凝土质地均匀，加强养护措施。另外，还需注意新、老混凝土接缝处的约束影响，必要时使用膨胀水泥配制接缝混凝土。

2. 由伸臂托架支承的模板，需注意计算挠度和采取相应的措施，如使用拉条或撑杆加固悬臂，减少变形。重要及质量大的混凝土部分，需用预压消除脚手杆件中螺栓空隙的变形，并吊挂压重，混凝土灌注过程中，逐步减少质量，抵消湿混凝土增加的影响，使变形量保持基本不变。

3. 必须严格遵守施工工艺，使新、老混凝土衔接良好，不留下薄弱点，防止剥落、侵蚀由此扩展。

【禁忌30】重力式墩台身产生沉陷裂缝

【分析】

1. 不均匀反力的影响

当发生不均匀沉陷后，自重反力分布也不均匀，刚性实体墩较多产生倾斜，狭长的柱式墩承台由于弯矩的改变常出现竖直裂缝。

2. 超静定结构的变形

超静定结构如框架墩身不均匀沉陷时，变形将引起结构体系自重内力的变化，与原设计假定的情况相比将有较大的出入，每根构件的弯矩，在原反弯点附近，内力的数值大小不同，在这些配筋薄弱的区段，常常出现裂缝，甚至折断。经验证明，这是钢筋混凝土构件难以补救的问题。

【措施】

1. 长条的墩身及承台，可能时最好按结构性质设置竖直的分割施工缝。

2. 在配筋薄弱区段，适当增加配筋。更重要的是，在软弱地基上的墩台，应防止采用对沉陷敏感的结构，必须采用时，也应做出适当的调整和布置，如将双柱式Π形体系改为闭合的口字形框架。

现将桥梁墩台的常见裂缝及原因分析列入表3-1中，以供查找。

桥梁墩台的常见裂缝及原因分析　　表3-1

裂缝发生部位	简　图	原　因　分　析
墩（台）网状裂缝	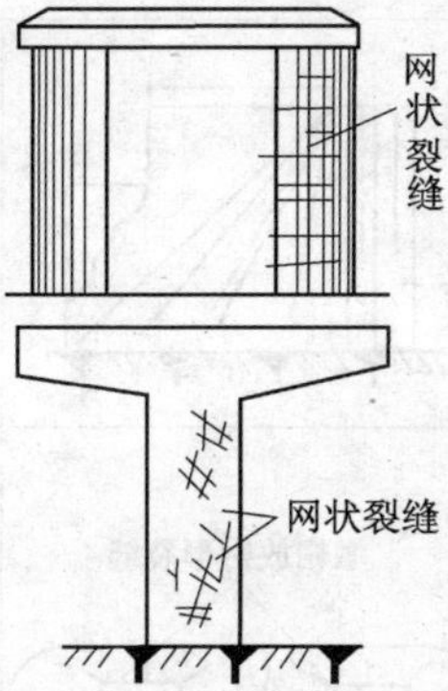 网状裂缝 网状裂缝	此种裂缝多发生在常年地下水位以上墩身的向阳部分，裂缝宽0.1～1mm，深1～1.5cm，长度不等，产生裂缝的主要原因一是由于混凝土内部水化热和外部气温的温差，或日气温变化以及日照影响而使混凝土产生温度拉应力；二是由于混凝土干燥收缩而引起裂缝

续表

裂缝发生部位	简　图	原 因 分 析
从基础向上发展至墩（台）上部的裂缝	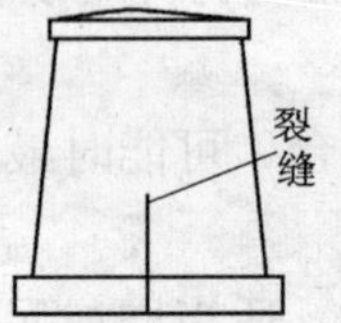 裂缝	此种裂缝一般下宽上窄，主要是由于基础松软或沉陷不均匀而引起
墩（台）身的水平裂缝	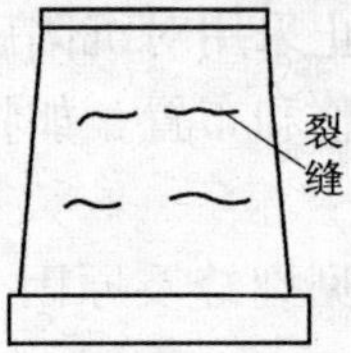 裂缝	裂缝呈水平层状，多为混凝土浇筑接缝不良所引起
翼墙和前墙断裂的裂缝	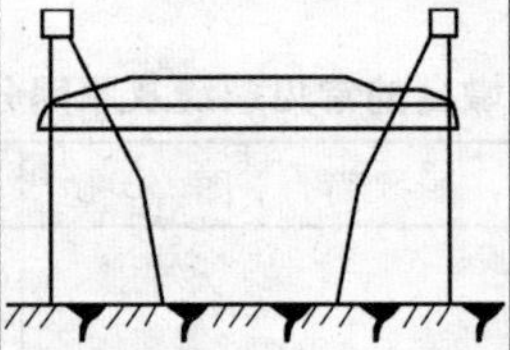	往往是由于墙间填土不良，冻胀或基底承载力不足，引起墙体下沉或外倾而开裂
由支承垫石从下向上发展的裂缝	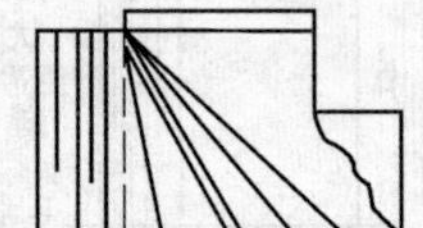	1. 墩（台）帽在支承垫石下未布置钢筋 2. 支承垫石受到过大的冲击力
桥墩墩帽顺桥轴线横贯墩帽的水平裂缝	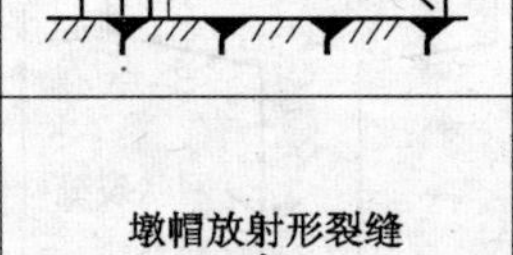 墩帽放射形裂缝	此种裂缝不论空心墩或实心墩均有发生，主要由于局部应力所致。因梁和活载的作用力集中地通过支座（或立柱）传至桥墩，使其周围墩顶其他部位产生拉应力

续表

裂缝发生部位	简　图	原　因　分　析
双柱式桥墩下承台的竖向裂缝	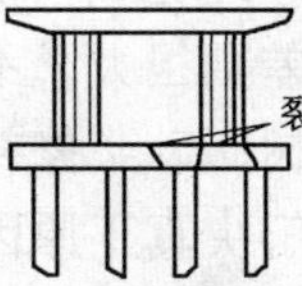 裂缝	由于桩基下沉不均或局部应力所致
支承相邻不等高的墩盖梁，雉墙上的垂直裂缝	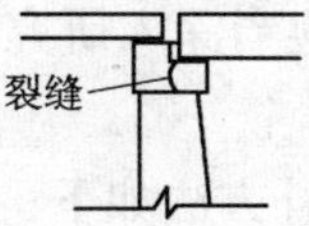 裂缝	裂缝多位于雉墙棱角部分及中线附近，严重时部分混凝土剥落露筋，主要由于局部应力所致
墩（台）盖梁上自上至下的垂直裂缝	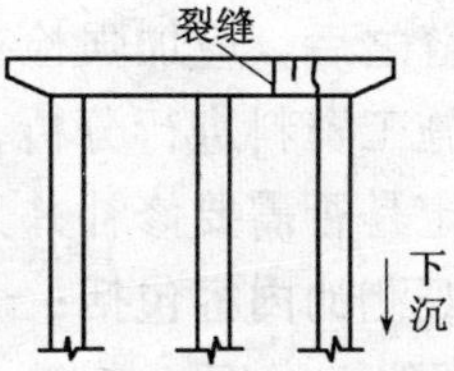 裂缝 下沉	主要是由于桩基下沉不均匀而引起盖梁上的不均匀受力所致
镶面石上突出的裂缝	 裂缝	多为不规则的裂缝，主要是由于镶面石与墩台连接不良所致
悬臂桥墩角隅处的裂缝	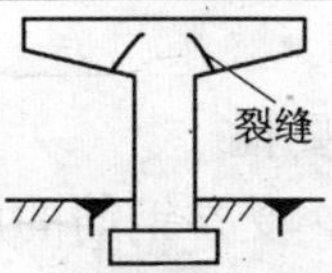 裂缝	由于局部应力引起

综上所述，裂缝将降低墩（台）的耐久性，当发生特殊情况时，如流冰、船撞、地震、大量沉陷等，裂缝所在的薄弱环节将促使事故扩展，甚至导致破坏。然而裂缝本身只是

一种现象，产生裂缝的原因是多种多样的，出现裂纹表明在桥梁设计、施工中存在着一定的缺陷。墩台的主要材料是混凝土或钢筋混凝土，结构一经完成，很难补加钢筋，混凝土的抗拉、抗压、抗剪强度差别很大，不易凿开修补。近年喷射混凝土加固或引用环氧树脂砂浆修补缺陷，改善了这方面的情况。不过，假如没有解决真正原因，即使修补此处，附近或其他处又将会有新的裂缝出现。桥梁墩身的设计、施工中出现的很多问题，还应当深入研究，不是常规和标准所能概括的。

3. 墩台身裂缝的修补方法如下：

（1）裂缝的检查及观测

桥梁结构出现裂缝之后，应加强检查与观测。根据裂缝的特征，结合设计、施工资料进行分析，查明裂缝原因、性质及其危害程度，确定是否需要修补并为制订修补方案提供可靠的依据。检查与观测的内容包括：

1）裂缝发生的部位、宽度、走向、分布状况以及长度和大小等。

2）裂缝的变化发展情况。

观测裂缝的仪器一般有塞尺、手持式读数显微镜（如DM型），也可用千分表引伸仪、长标距裂缝应变片等来测量裂缝。

（2）裂缝修补的必要性

钢筋混凝土结构中，受拉钢筋的应变总是远远超过混凝土的极限拉伸应变，因此发生裂缝也是不可避免的。在弯曲应力和初拉应力作用下，混凝土的裂缝一般是较短较细的，这样的裂缝对结构强度的影响不大。按耐久性要求，由于裂缝细小（小于0.2mm），结构暴露在大气中，钢筋也不致锈蚀，即使裂缝达到或略超过容许值（0.2mm），只要已趋稳定，不继续发展，结构的强度也不会有明显的降低，因此不必采取特殊的措施。

当裂缝较多且宽度较大时，要相应降低结构的刚度，同时钢筋受有害介质的侵蚀，结构物的寿命也要缩短。根据《公路桥涵养护规范》（JTG H11—2004）的规定，裂缝限值见表3-2所列。当裂缝超过表列数值时应进行修补以确保结构的耐久性。经验证明，裂缝是否需要进行修补，除根据上述规定外，还可由以下几个方面进行考虑：

1）发展的裂缝，宽度在6个月期间增大0.1mm以上时。

2）裂缝宽度0.2mm左右，但认为结构产生危险时。

3）裂缝宽度在0.3mm以上时。

4）裂缝宽虽未增大，但裂缝数量增多时。

墩台裂缝限值表　　　　表3-2

<table>
<tr><th colspan="3">裂缝种类</th><th>允许最大缝宽/mm</th><th>其他要求</th></tr>
<tr><td colspan="3">墩台帽</td><td>0.30</td><td></td></tr>
<tr><td rowspan="3">墩台身</td><td>经常受浸蚀性环境水影响</td><td>有筋
无筋</td><td>0.20
0.30</td><td rowspan="4">允许贯通墩身截面一半</td></tr>
<tr><td>常年有水，但无浸蚀性影响</td><td>有筋
无筋</td><td>0.25
0.35</td></tr>
<tr><td colspan="2">干沟或季节性有水河流</td><td>0.40</td></tr>
<tr><td colspan="3">有冻结作用部分</td><td>0.20</td></tr>
</table>

（3）裂缝修补方法及程序

砖石砌体、混凝土及钢筋混凝土结构物裂缝的修补，主要目的是恢复结构的整体性，保持结构的刚度、强度、抗渗性、耐久性及外形的美观。

目前常用的方法如下：

1）压力灌浆修补法。即采用水泥灌浆或化学材料灌浆的方法，将浆液灌满结构内部裂缝。

2）表面封闭修补法。即采用抹浆、凿槽嵌补、喷浆、填缝的方法使表面裂缝封闭。

3）表面粘贴法。在裂缝表面粘贴钢板或玻璃布等材料既可达到封闭裂缝的目的，又能提高结构的刚度和强度。

裂缝从被发现到确定是否要进行修补，直至最后实施修补工程，其大致程序可参见图3-1所示。

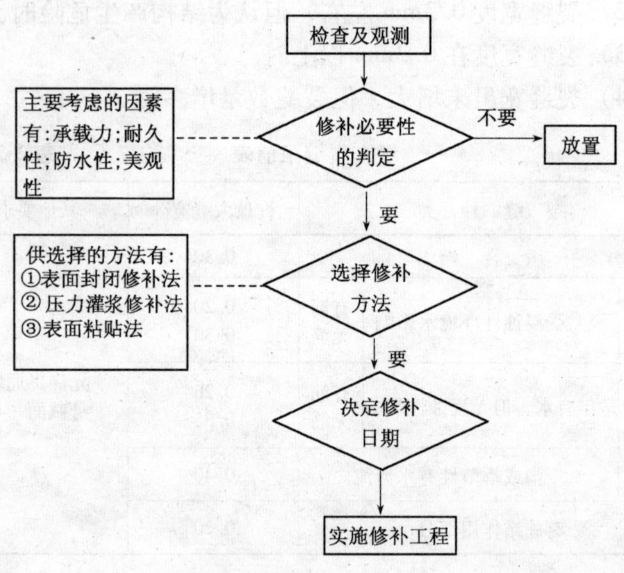

图3-1 裂缝修补程序

第3节 桥梁上部结构工程

【禁忌31】混凝土结构局部出现类似蜂窝状的窟窿

【分析】

造成混凝土结构局部出现类似蜂窝状的窟窿的原因如下：

1. 混凝土配合比不当或砂、石子、水泥材料加水量计量不准，导致砂浆少、石子多；

2. 混凝土搅拌时间不够，未拌合均匀，振捣不密实，和易性差；

3. 下料过高或下料不当，未设串筒集中石子，导致砂浆石子离析；

4. 混凝土未分层下料，振捣不实，或振捣时间不够，或漏振；

5. 钢筋较密，使用的石子粒径过大或坍落度过小；

6. 模板缝隙未堵严，水泥浆流失；

7. 基础、柱、墙根部未稍加间歇就继续浇筑上层混凝土。

【措施】

为避免混凝土结构局部出现类似蜂窝状的窟窿，施工中应采取下列措施：

1. 认真设计、严格控制混凝土配合比，经常检查，做到计量准确，混凝土拌合均匀，坍落度适合；混凝土下料高度超过2m应设溜槽或串筒；浇灌应分层下料，分层振捣，防止漏振；模板缝应堵塞严密，浇灌中，应随时检查模板支撑情况以免漏浆；基础、柱、墙根部应在下部浇完间歇1～1.5h，沉实后再浇上部混凝土，防止出现“烂脖子”；

2. 小蜂窝洗刷干净后，用1∶2或1∶2.5水泥砂浆抹平压实；较大蜂窝，凿去蜂窝处薄弱松散颗粒，洗刷干净后，支模用比原来高一级的细石混凝土仔细填塞捣实；较深蜂窝，如果清除困难，可埋排气管、压浆管，表面抹砂浆或灌注混凝土封闭后，进行水泥压浆处理。

【禁忌32】混凝土局部表面出现缺浆和许多小凹坑、麻点，形成粗糙面

【分析】

1. 模板表面粗糙或粘附水泥浆渣等杂物未清理干净，拆模时粘坏混凝土表面；

2. 模板未浇水湿润或湿润不够，吸去构件表面混凝土的水分，使混凝土失水过多出现麻面；

3. 模板隔离剂涂刷不匀，或失效或局部漏刷，混凝土表面与模板粘结造成麻面；

4. 模板拼缝不严，局部漏浆；

5. 混凝土振捣不实，气泡未排出，停在模板表面形成麻点。

【措施】

1. 将模板表面清理干净，不得粘有干硬水泥砂浆等杂物，浇筑混凝土前，模板应浇水充分湿润，模板缝隙，应用腻子、油毡纸等堵严，模板隔离剂应选用长效的，涂刷均匀，不得漏刷；混凝土应分层均匀振捣密实，至排出气泡为止；

2. 表面无粉刷的，应在麻面部位浇水充分湿润后，用原混凝土配合比无石子砂浆，将麻面抹平压光；表面有粉刷的，可不处理。

【禁忌33】混凝土结构出现空洞

【分析】

造成混凝土结构出现空洞的原因如下：

1. 在钢筋较密的部位或预留孔洞和埋件处，混凝土下料被搁住，未振捣就继续浇筑上层混凝土；

2. 混凝土离析，砂浆分离，石子成堆，严重跑浆，又未进行振捣；

3. 混凝土一次下料过多，过高，过厚，振捣器振动不到，形成松散孔洞；

4. 混凝土内掉入模板工具、泥块、木块等杂物，混凝土被卡住。

【措施】

为避免混凝土结构出现空洞，施工中应采取下列措施：

1. 在钢筋密集处及复杂部位，采用细石混凝土浇灌，在模板内充满，认真分层振捣密实，预留孔洞，应两侧同时下料，侧面加开浇筑口，防止漏振，砂石中混有模板工具、黏土块等杂物掉入混凝土内，应及时清除干净；

2. 凿除孔洞周围的软弱浆膜和松散混凝土，用压力水冲洗，湿润后用高强度等级细石混凝土仔细浇灌、捣实。

【禁忌34】混凝土内部主筋、副筋或箍筋局部裸露在结构构件表面

【分析】

1. 浇灌混凝土时，钢筋保护层垫块位移或漏放或垫块太少，导致钢筋紧贴模板外露；

2. 结构构件截面小，钢筋过密，石子卡在钢筋上，使水泥砂浆不能充满钢筋周围，导致露筋；

3. 混凝土配合比不当，产生离析，靠模板部位缺浆或模板漏浆；

4. 混凝土保护层太小或保护层处混凝土振捣不实；或振捣棒撞击钢筋或踩踏钢筋，使钢筋位移，导致露筋；

5. 木模板未浇水湿润，脱模过早或吸水粘结，拆模时缺棱、掉角，导致露筋。

【措施】

1. 浇灌混凝土，应保证钢筋位置和保护层厚度正确，并加强检查，钢筋密集时，应选用适当粒径的石子，保证混凝土配合比准确和良好的和易性；浇灌高度超过2m，下料时应用溜槽或串筒，以免离析；模板应充分湿润并认真堵好缝隙；混凝土振捣严禁撞击钢筋，操作时，避免踩踏钢筋，如果有脱扣或踩弯等及时调整直正；保护层混凝土要振捣密实；正确掌握脱模时间，防止过早拆模，碰坏棱角。

2. 表面露筋，洗刷干净后，用1:2或1:2.5水泥砂浆抹压表面，将充满露筋部位抹平；露筋较深的凿去突出颗粒和薄弱混凝土，洗刷干净后，用比原来高一级的细石混凝土填塞压实。

【禁忌35】混凝土内存在水平或垂直的松散混凝土夹层

【分析】

1. 施工缝或变形缝未经接缝处理、清除表面水泥薄膜和松动石子，未除去软弱混凝土层并充分湿润就灌注混凝土；

2. 施工缝处泥土、砖块、锯屑等杂物未清除干净；

3. 混凝土浇灌高度过大，未设溜槽、串筒，导致混凝土离析；

4. 底层交接处未灌接缝砂浆层，接缝处混凝土振捣不好。

【措施】

1. 认真按施工验收规范要求处理施工缝及变形缝表面；接缝处泥土、砖块、锯屑等杂物应清理干净并洗净；混凝土浇灌高度大于2m应设溜槽或串筒，接缝处浇灌前应先浇厚度为50~100mm的原配合比无石子砂浆，便于结合良好，并加强接缝处混凝土的振捣密实；

2. 缝隙夹层较深时，应清除内部夹杂物和松散部分，用压力水冲洗干净后支模，灌细石混凝土或将表面封闭后进行压浆处理；缝隙夹层不深时，可凿去松散混凝土，洗刷干净后，用1:2或1:2.5水泥砂浆填密实。

【禁忌36】结构或构件边角处混凝土局部掉落

【分析】

1. 木模板未充分浇水湿润或湿润不够；混凝土浇筑后养护不好，导致脱水；强度低，或模板吸水膨胀将边角拉裂；拆模时，棱角被粘掉；

2. 低温施工过早拆除侧面非承重模板；

3. 拆模时，边角受重物或外力撞击，或保护不好，棱角被碰掉；

4. 模板未涂刷隔离剂，或涂刷不均匀。

【措施】

1. 木模板在浇筑混凝土前应充分湿润，混凝土浇筑后应认真浇水养护，拆除侧面非承重模板时，混凝土应具有1.2N/mm^{2}以上强度；拆模时注意保护棱角，防止用力过急过猛；吊运模板，防止撞击棱角，运输时，用草袋等保护好成品阳角，以免碰损；

2. 缺棱掉角，可凿除该处松散颗粒，冲洗充分湿润后，根据破损程度用1∶2或1∶2.5水泥砂浆抹补齐整，或支模用比原来高一级混凝土捣实补好，认真养护。

【禁忌37】混凝土表面凹凸不平，或板厚薄不一，表面不平

【分析】

1. 混凝土浇筑后，表面只用铁锹拍平，未用抹子找平、压光，导致表面粗糙不平；

2. 模板未支承在坚硬土层上，或支承面不足，或支撑松动、泡水，导致新浇灌混凝土早期养护时发生不均匀下沉；

3. 混凝土未达到一定强度时，上人操作或运料，使表面出现印痕或凹陷不平。

【措施】

严格按施工规范操作，灌注混凝土后，应根据弹线或水平控制标志用抹子找平、压光，终凝后浇水养护；模板应有足够的刚度、强度和稳定性，应支在坚实地基上，有足够的支承面积，避免浸水，以保证不发生下沉；在浇筑混凝土时，加强检查，混凝土强度达到1.2N/mm^2以上，才能在已浇结构上走动。

【禁忌38】同批混凝土试块的抗压强度平均值低于设计要求强度等级

【分析】

1. 水泥受潮或过期，活性降低；砂、石集料级配不好，

含泥量大，空隙大，杂物多；外加剂使用不当，掺量不准确；

2. 混凝土配合比不当，计量不准确，施工中随意加水，使水灰比增大；

3. 混凝土颠倒加料顺序，搅拌时间不够，拌合不均匀；

4. 冬期施工，拆模过早或早期受冻；

5. 混凝土试块制作振捣不密实，养护管理不善，或养护条件不符合要求，在同条件养护时，早期脱水或受外力砸坏。

【措施】

1. 水泥应有出厂合格证，新鲜无结块，过期水泥经试验合格后方可使用；砂、石子级配、粒径、含泥量等应符合要求；严格控制混凝土配合比，保证计量准确；混凝土应按顺序拌制，保证搅拌时间和拌合均匀；防止混凝土早期受冻，冬期施工用普通水泥配制混凝土，强度达到30%以上，矿渣水泥配制混凝土，强度达到40%以上，才可遭受冻结，按施工规范要求认真制作混凝土试块，并加强对试块的管理和养护；

2. 当混凝土强度偏低，可用非破损方法（如超声波法，回弹仪法）来测定结构混凝土实际强度，如果仍然不能满足要求，可按实际强度校核结构的安全度，研究处理方案，采取相应加固或补强措施。

【禁忌39】混凝土表面色泽不一致

【分析】

造成混凝土表面色泽不一致的原因如下：

1. 混凝土拌制不均匀；

2. 混凝土表面被污染；

3. 操作人员不认真导致混凝土过振；

4. 同一结构使用了不同牌子的水泥；

5. 混凝土配合比经常变化且不是最佳配合比。

【措施】

为避免混凝土表面色泽不一致，施工中应采取下列措施：

1. 墩高在10m以下的矮墩宜一次灌成；

2. 混凝土表面在露出的瞬间进行必要的处治；

3. 防止混凝土表面被污染尤其是养护过程中带来的人为污染；

4. 优先选用技术好责任心强的技术人员；

5. 同一个结构宜使用同品牌水泥；

6. 通过工艺实验选择最佳配合比。

【禁忌 40】混凝土表面出现不规则的干裂

【分析】

造成混凝土表面出现不规则的干裂的原因如下：

1. 混凝土早期养护不及时；

2. 混凝土配合比中水泥用量过大；

3. 大体积混凝土结构表面的裂缝很有可能是混凝土水化热不能及时排出所引起的；

4. 预应力混凝土表面的裂缝很有可能是不及时施加应力所引起的。

【措施】

为避免混凝土表面出现不规则的干裂，施工中应采取下列措施：

1. 对混凝土及时进行养护，把混凝土的养护当作一道工序来抓；

2. 混凝土配合比胶凝材料需添加除水泥以外的其他材料；

3. 大体积混凝土须采取体内循环冷却水以降低水化热；

4. 预应力混凝土按设计或工艺设计的规定施加预应力。

【禁忌41】混凝土表面出现错台

【分析】

造成混凝土表面出现错台的原因如下：

1. 模板加工精度不够；

2. 配板设计存在问题，未使用通长的竖带或横带；

3. 两块相邻的模板之间的连接孔错位或使用的连接螺栓小于连接孔；

4. 两块相邻的模板之间未连接成为整体；悬浇梁施工时侧板、底板未提前预拉。

【措施】

为避免混凝土表面出现错台，施工中应采取下列措施：

1. 模板加工好后一定要试拼以检查错台是否超标；

2. 两块相邻模板之间一定要连接牢固且使用通长的横竖带；

3. 模板连接孔和连接螺栓必须配套；

4. 悬浇梁施工时侧板、底板要提前预拉。

【禁忌42】混凝土跑模或胀模

【分析】

造成混凝土跑模或胀模的原因如下：

1. 模板设计刚度不够；

2. 模板的内拉、外撑点不够或受力不够；施工顺序不当或有误；

3. 不按操作规程施工或野蛮施工；

4. 混凝土浇筑过快或过高；

5. 混凝土坍落度过大导致混凝土侧压力过大。

【措施】

为避免混凝土跑模或胀模，施工中应采取下列措施：

1. 模板的设计刚度足够大；

2. 模板的内拉、外撑点足够多且以内拉为主；

3. 防止野蛮施工；

4. 混凝土的浇筑快慢、高度、顺序以实验取得工艺参数为准；

5. 混凝土的侧压力、模板的刚度大小应通过理论计算。

【禁忌 43】焊接强度不够

【分析】

造成焊接强度不够的原因如下：

1. 电流过大，烧伤局部钢筋接头；

2. 帮条焊、搭接焊焊缝长度、宽度、厚度不足，焊渣未及时清除出现气泡、砂眼；

3. 焊条规格不符合要求或未能选择合适的焊条，如Ⅱ级钢筋使用 E4303 的焊条焊接；

4. 冬天焊接过火，未采用保温及升温措施，焊接后接头骤冷导致焊缝裂纹。

【措施】

为避免焊接强度不够，施工中应采取下列措施：

1. 选择合适的焊条，如Ⅱ级钢筋接头应采用E5003或E5016焊条，并且使用前应在烘箱烘干；

2. 冬天焊接应预防过火，焊接后接头防骤冷；

3. 应进行岗位培训，持证上岗，坚持自检。

【禁忌44】锚垫板面与孔道轴线不垂直或锚垫板中心偏离孔道轴线

【分析】

安装锚垫板时没有仔细对中，垫板面与预应力索轴线不垂直，导致钢丝束或钢绞线内力不一，当张拉力增加到一定程度时，调整力线，会使锚板突然发生抖动或滑移，拉力下降。

【措施】

1. 安装锚垫板时应仔细对中，垫板面应与预应力索的力线垂直；

2. 锚垫板要可靠固定，确保在混凝土浇筑过程中不会移动。

【禁忌45】锚头下锚板处混凝土变形开裂

【分析】

1. 通常锚板附近钢筋布置很密，浇筑混凝土时，振捣不密实，混凝土疏松或只有砂浆，以致该处混凝土强度低；

2. 锚垫板下的受压区面积不够、钢筋布置不够、锚板或锚垫板设计厚度不够，受力后变形过大。

【措施】

1. 浇筑混凝土时应特别注意在锚头区的混凝土质量，由于在该处往往钢筋密集，混凝土的粗集料不易进入而只有砂浆，会严重影响混凝土的强度；

2. 锚板、锚垫板必须有足够的厚度以保证其刚度。锚垫板下应布置足够的钢筋，以使钢筋混凝土足以承受由于张拉预应力索而产生的压应力和主拉应力。

【禁忌46】滑丝和断丝

【分析】

钢筋张拉过程中出现滑丝和断丝现象，其结果会使预应力钢筋受力不均，甚至使空心板不能达到足够的预应力。

原因分析如下：

1. 钢丝编束时，由于没有认真梳理，导致钢丝束交叉混乱。

2. 钢丝束存放不好，表面存在锈斑、油污等。

3. 锚具加工尺寸不准确，锥度误差大。

4. 锚圈放样不准，千斤顶安装不正，支承垫板倾斜。

【措施】

1. 在施工中要加强材料的检验，选择较好的锚具类型，施工时遵守操作规程。

2. 滑丝和断丝现象如果发生在顶锚之前，应立即停止张拉，并使千斤顶回油，认真检查滑丝和断丝的原因，更换已损伤的夹片或更换已断的钢丝，再重新进行张拉。

3. 滑丝和断丝现象如果发生在顶锚之后，其处理程序如下：

（1）按张拉状态安装好千斤顶。

（2）张拉钢丝。当钢丝受力伸长时，稍带出夹片，此时立即用钢纤卡住夹片，同时千斤顶回油，钢丝回缩，夹片由于被卡住而无法与钢丝同时回缩。千斤顶再次进油，如此反复地进行，直至夹片退出为止。夹片退出时，钢丝的张拉应力不得超过钢丝的极限张拉应力的0.8倍。

（3）如果钢丝已断，应更换钢丝束，重新张拉并锚固。

【禁忌47】后张预应力结构孔道压浆不实

【分析】

1. 设计方面造成后张预应力结构孔道压浆不实有以下原因：

（1）穿入预应力钢筋后设计孔道空隙狭窄，水泥浆不易压入。

（2）设计规定的成孔材料材质不佳，孔道内摩阻系数大。

（3）设计孔道曲线长、曲率小、曲折点多。

2. 施工工艺方面造成后张预应力结构孔道压浆不实有以下原因：

（1）成孔材料材质选用不当，尤其是抽拔棒成孔时操作不当，孔壁粗糙，掉皮、坍落，出现波浪等。

（2）施工中成孔质量不好，孔道直径粗细不匀或有缩颈、偏孔现象，预应力筋勉强可以穿入，但水泥浆无法通过。

（3）排气孔设置不当，尤其是连续梁，多波段；竖曲线超长孔道如果波峰处的排气孔不通，在某些曲段易形成空气滞留穴阻止进浆而导致空洞。

（4）孔道串孔，内漏，封锚不严，不能保压持荷。

（5）预应力钢筋编束、捆扎时，扎丝松弛或过密，穿束时绑扎钢丝在孔道不畅处受阻，堆积挤压，形成网状塞栓，压浆时此处过气过水而不过浆。

（6）水灰比不当，水灰比过大，不但强度降低，而且泌水率增大，当水被蒸发或吸收后，即形成空洞。

（7）外加剂用量不当，如膨胀剂，用量过小膨胀效果不明显，如果膨胀系数小于水泥收缩系数，空缺未补实，就会导致压浆不饱满。

（8）制浆不规范，过滤不好或稀稠失控，有硬块杂物导致孔道堵塞。

（9）压浆机性能不好，压力不够或无法保压持荷，导致孔道内不能长距离运送水泥浆，也无法借助压力使水泥浆充实到孔道各处不易畅通的细微空间位置，从而造成孔道压浆不密实，不饱满。

【措施】

治理孔道压浆不密实的措施，就是要针对上述所分析出的原因，对症下药，正确治理。除此之外，对影响压浆质量的重要因素，严密进行控制，并改进施工工艺，才能取得明显效果。

1. 优选配合比

水泥浆配合比是压浆质量的关键。优良的配合比设计是控制孔道压浆质量的前提，优化组合的水泥浆配合比，既能保证足够的强度，也能有效地控制泌水率及有效膨胀系数。

2. 适当提高压浆稳压持荷压力

压浆过程中，压力一般应保持在0.4～0.6MPa之间，稳压压力应保持在0.6～0.8MPa之间，稳压持荷时间不少于5min。

3. 慎用膨胀剂

在水泥浆凝固过程中，水泥和膨胀剂发生反应，产生气体，使水泥体积产生微膨胀。

4. 采用后期加压补浆法补充密实

对于处在上部孔道的竖曲线锚固点，由于无法排出泌水而占据孔道空间，水干后此处形成空洞（此缺陷在封锚前可从进浆孔用探条探测到），可用高压黄油枪或按此原则自制手动压力补浆泵进行补压充实。对于长线连续结构竖向多波孔，不论锚固点在何处，其波峰处（孔道最高点）都有可能由于泌水、浆体收缩而形成局部空洞。排除这种隐蔽缺陷的方法是，事先在孔道波峰处设一排气、压浆两用管，压浆时排气，压完浆后，可用探条检测此管，发现不密实，可从此管接上手动补浆泵进行后期补浆，效果较好。

【禁忌48】预应力筋孔道漏浆致使穿束张拉受阻

【分析】

由于采用波纹管作为后张法预应力孔道，在混凝土浇筑过程中波纹管破裂，或者由于振捣时振动到波纹管导致混凝土浆进入孔道，导致张拉穿束困难。

【措施】

1. 用于制作波纹管的钢带应符合现行国家标准和有关规定，其厚度应根据管道直径、形状、钢丝束设置时间而定，一般不宜小于0.3mm。

2. 除进场后的有关检验外，波纹管安装时需再次对其外观进行全面而详细的检查，要求无孔洞和不规则的折皱；咬口宽度均匀，无脱扣和开裂现象。

3. 波纹管的接头连接管宜采用大一个直径级别的同类型管道，其长度宜为被连接管道内径的5~7倍，同时不小于40cm。在接头处保证钢筋定位准确，以免角度变化导致波纹管道不圆顺，导致穿束困难，最后用特制胶布将连接管道两端缠紧以防漏浆。布置波纹管：首先用钢筋加工环形架作为波纹管的定位架，纵向间距为1m，横向位置按设计图纸上的坐标定位，然后设置防蹦钢筋。

4. 在浇筑混凝土过程中应避免振动波纹管。

5. 对在浇筑混凝土之前穿束的孔道，应注意下列两点：

（1）在浇筑混凝土过程中，应每隔1h拖拉一次预应力钢筋直至浇筑完成后混凝土初凝为止。

（2）预应力筋安装完毕后，应再次详细检查波纹管，以查出穿束时可能被损坏的管道，并及时进行修复。

6. 采用圆形波纹管成孔时，在浇筑混凝土前也可预先穿置废钢绞线，混凝土浇筑后来回拉动钢绞线，以防波纹管被压变形和堵塞，还能有效避免压浆前预应力筋在孔道中长时间放置而生锈。

【禁忌49】后张法预应力筋的伸长值产生较大误差

【分析】

预应力钢筋张拉时未采用应变和应力双控法进行控制。正式进行预应力钢筋张拉时，未对钢筋的理论伸长值与实际伸长值进行校核，理论伸长值与实际伸长值的差值超过了±6%，导致质量事故。预应力张拉一旦出现质量问题可使桥梁受到破坏，承载力下降，危及结构的安全，影响桥梁的正常使用。

【措施】

在进行预应力张拉工作前，应计算钢筋理论伸长值，进行试张拉时，要将钢筋理论伸长值与实际伸长值进行校核，如果有较大偏差，应查明原因后再进行大批量张拉。张拉器具应进行检验校正，每半年或张拉200次以后要重新校正。

【禁忌50】预制板、梁出坑、堆放时，引起折断、裂缝

【分析】

1. 预制构件在出坑前，未检查实际尺寸，伸出预埋钢筋（或钢板）、吊环的位置及混凝土的质量，出现构件表面不光滑，形状不正确，在进行安装时导致梁板无法合适安装。

2. 预制构件在出坑时，混凝土强度低于设计对吊装所要求的强度，在吊装时发生严重裂缝或构件折断。

3. 预制构件如果未安装预埋的吊孔或吊环而又未计算正确吊点位置，不正确的吊点位置将导致梁板发生折断或裂缝。

4. 起吊及堆放板式构件时，吊错了上下面位置（吊点位置与支点位置应一致）导致梁板折断；构件移运时未专门设置特制的固定架及摆放位置不正确，导致梁体倾覆发生事故；梁体平放时，两端吊点处未设支搁方木，产生负弯矩而断裂。

5. 堆放预制构件的场地不坚实、不平整，或有积水现象，构件存放一段时间后由于地面软化下沉导致损坏和折断。

6. 构件堆放时未考虑构件的刚度和受力情况，或存放层数过多。一般大型构件水平堆放最多为三层，预制梁堆垛不宜多于四层，如果堆放超出要求都将会损坏构件。

7. 构件两端的支点不平，层与层之间未用垫木隔开，也会损坏梁体。

【措施】

加强施工管理，严格执行起重机操作程序。将起重安装工作的重点放在安全上面，既要保证梁板的安全，也要保证人身安全。在施工前必须有详细的施工组织设计作保证，对于起吊方法、堆放方法和堆放场地要进行受力计算及地基承载能力验算，以免出现问题。

【禁忌51】预制板、梁运输不当

【分析】

1. 场内运输过程中，梁是竖立放置的，由于未固定好构件两侧的木楔和斜撑等临时固定或刚度不够发生了折断，就会使梁体发生倾覆、跳动或滑动等现象，最终导致梁体损坏。

2. 场外运输的汽车车长不够，预制构件放置后部分构件悬伸出车辆的部分过长。

3. 常用牵引绞车在场内运梁时，由于梁后的制动索未能配合牵引绞车徐徐向前、制动索放松太快，导致梁体由于惯性碰到绞车而损坏。

4. 构件靠架的刚度不够，而且支架不稳定。

5. 构件在装卸过程中发生颤动或运输过程中汽车刹车过急。

6. 装车时构件没有放平稳。

7. 违背了构件受力特点，构件受力和实际受力方向相反。

【措施】

当运输较长构件时一定要选好构件的受力点；一定要确保构件靠架的刚度，确保构件平稳后再运输；装、运、卸一定要符合实际受力方向，要做到轻装、慢行、稳卸；吊装前最好有一组随梁养生的试件，经试压合格后再进行起吊。

【禁忌52】预制板、梁吊装不当

【分析】

1. 起吊时作业人员工作时思想不集中；对起吊各部件缺乏检查；起吊钩在吊起构件时，吊钩下落过急，然后又紧急刹车；两机台同时作业时，起吊不协调，单机受力过大。

2. 现场指挥不力，由于视线上的障碍，吊装时只注意吊件未注意其他及看前方而未注意后方，导致对周围情况未看清；所给的信号不清楚或信号传递失误；多人指挥或违章指挥等。

3. 起吊工具损坏导致“摔梁”等事故，如接头松脱；卡环断面太小、卡环内绳索太紧、滑杆卡环松脱导致卡环胀开；绳索断面太小、绳索产生扭劲、绳扣折弯太狠、扣内未塞圆木及绳索磨损过甚导致绳索绷断。

4. 设备故障导致事故，如刹车失灵；无限位装置；未进行试吊；未适当加配重或配重过多，致使设备失稳。

5. 自行减少吊点或吊点位置不对，导致单边受力或受力不均匀；构件就位地点未选好，后吊的构件放不下；未核实构件重量；起吊未设溜绳；道路未修好垫实；构件薄弱处未保护好；吊装次序颠倒；垫木产生滑动。

【措施】

1. 起吊作业人员工作时思想要高度集中；经常保养设备，以免设备带病作业；起吊作业时稳吊慢放，刹车时不要过急；两机台同时作业时要看准信号，做到同时起吊。

2. 应清除视线上的障碍物，要密切注意吊件周围物体，眼观全场，指挥吊装；信号应采用标准化程序认真传递，不要误传；持科学态度，不要盲目作业；服从领导，一人负责，按操作规程施工。

3. 卡环断面尺寸需要经过技术部门专门验算、复核；施工时，注意绳索不要太紧；要经常保持保养；不要让绳索产生扭转；严防绳扣折硬弯，扣内应加塞圆木，发现绳索有磨损过甚处要及时处理。

4. 必须认真试吊；认真保养；吊装设备必须配有限位装置；要适当加配重，使设备稳定。

5. 不允许擅自减少吊点或更改吊点，如果确需改变，必须经技术部门同意后方可进行；征求各方意见，做好施工组织设计；一定要在构件就位前画好构件就位平面布置图并精确计算构件重量；系好溜绳，防止冲撞其他构件；铲平垫实道路，防止冲撞；对吊点及系溜绳部位，应加橡胶垫保护；按施工组织设计吊装施工；塞紧垫木。

【禁忌53】支架、排架变形、沉陷、倒塌

【分析】

1. 支架设计不合理

在进行支架、排架设计时，计算模型选择错误，或者由于支架上的自重、浇筑混凝土的自重及其他施工荷载计算不准确；设计支架的强度和稳定时未考虑风力荷载或撞击力、水压力等荷载；倾覆稳定系数大于1.3；支架刚度验算时，其变形值和受压杆件的长细比超过了规定值。

2. 支架材料质量不符合要求

支架、排架所用的桩木、万能杆件未详细检查，使用了劈裂、腐朽、虫蛀、大结疤的圆木或木支架结构不符合有关规定；使用了锈蚀的钢管、扭曲严重的万能杆件，或者钢管、万能杆件本身质量不符合要求。

3. 支架施工质量差

支架在使用前未检查支架所在处的地基承载能力是否符合设计要求，对未达到设计要求的地基没有采取有效的加固措施；支架未按照设计要求施工，没有足够的承载能力和稳定性，支架与支架桩连接不牢固，产生了不均匀沉落、变形和失稳；支立排架时，没有专人统一指挥；支立的排架没有以整排竖立，以至于支架失稳，在拆卸支架、排架时未按照设计要求进行，上述这些均可导致支架、排架倒塌事故。

【措施】

进行详细的支架、排架设计计算，采用合理的计算模型和安全系数；加强对支架、排架的使用材料的监督管理，不允许将不合格的材料用在支架、排架上；对地基基础进行检验并处理，保证地基承载力符合设计要求；施工时不能盲目施工，要严格按照施工程序进行，在排架施工时要及时观测支架、排架的位移、变形，出现问题要及时停止，找出问题原因，制定切实可行的解决方案。

第4节 桥面系和附属工程

【禁忌54】桥面混凝土平整度（含厚度）超差

【分析】

造成桥面混凝土平整度（含厚度）超差的原因如下：

1. 施工设备落后，采用人工。

2. 没有较先进的检测仪器。

3. 泵送混凝土坍落度较大。

【措施】

为避免桥面混凝土平整度（含厚度）超差，施工中应采取下列措施：

1. 研制完成较适用的桥面混凝土摊铺设备（采用槽钢焊制前后两道，前面摊铺振捣，后面压光找平）。

2. 对摊铺设备进行刚度增加，减少由于振动产生的挠度对桥面混凝土平整度的影响。

3. 加密桥面厚度测点的控制，并固定牢固，随时观测桥面混凝土摊铺情况。

4. 加强混凝土的质量控制，机动翻斗车运输坍落度采用 3 ~5cm，泵送混凝土坍落度控制在 8 ~12cm 之间。

5. 严格按照要求控制集料级配，控制混凝土浇筑质量及和易性。

6. 尽可能缩短混凝土运输距离，防止离析。

7. 摊铺设备设专业人员操作，适度加强施工人员的责任心。

【禁忌 55】桥面出现横向裂纹

【分析】

造成桥面出现横向裂纹的原因如下：

1. 连续桥面伸缩缝处的无粘结筋失效，或与桥面隔离效果不成功，伸缩缝混凝土产生无规则裂缝。

2. 墩台下沉不均匀，拉裂桥面铺层。

3. 预应力混凝土连续梁负弯矩区受拉导致桥面铺装产生水平裂缝，普通混凝土与预应力混凝土交接处易产生裂缝，预应力锚固区易产生裂缝。

4. 弯、坡、斜桥的桥面铺装受力复杂易开裂。

5. 桥头跳车及桥面伸缩缝不够平整，高速重载车的冲积和破坏力，超过混凝土的强度出现裂缝。

6. 水泥的收缩性大，水化热高。

7. 未焊接横向连接钢板。

【措施】

为避免桥面出现横向裂纹，施工中应采取下列措施：

1. 桥面连续结构要符合设计，要确保无粘结筋和隔离措施。

2. 连续梁的负弯矩区引起的铺装破坏，应在铺装层以下设置沥青隔离层，使桥面与连续梁铺装分离，加强负弯矩区的钢筋网和受力钢筋。

3. 桥面连续不宜过长，以五孔一联为宜，对于弯、坡、斜这三种特殊桥型宜三孔一联且长度不超过100m。

【禁忌56】桥面混凝土漏水

【分析】

造成桥面混凝土漏水的原因如下：

1. 混凝土配合比不合理，水泥用量少，粗集料多、混凝土不密实。

2. 混凝土使用的外掺剂配比不好或效果不理想，混凝土的抗裂、抗渗性差。

3. 施工过程中控制不严格，施工工艺粗糙，混合料有离析现象。

4. 铰缝施工未按设计要求施工，铰缝混凝土早期破坏。

【措施】

为避免桥面混凝土漏水，施工中应采取下列措施：

1. 桥面混凝土应是细集料级配、高强度等级混凝土，水泥用量取上限值，配合比设计时小粒径偏多，石料级配合理。

2. 施工中严格控制混凝土坍落度3～5cm及拌合时间，使混凝土和易性好、均匀并加强振捣，适当加入防水剂，满足抗渗要求。

【禁忌57】桥面积水

【分析】

造成桥面积水的原因如下：

1. 桥面水泥混凝土不平，沥青铺装碾压后导致表面平整度差，标高不准确。

2. 泄水孔位置不适合或泄水孔堵塞、标高太高等。

3. 桥面横坡度不符合设计要求。

【措施】

为避免桥面积水，施工中应采取下列措施：

1. 加强桥面水泥混凝土施工平整度控制，铺装沥青层前对水泥混凝土桥面平整度进行检查、修理使其达到平整度要求，并对压实过程进行检查、控制。

2. 泄水孔位置设计要满足排水要求，其顶面标高低于水泥混凝土铺装，竖向排水管口应与周边衔接做成漏斗型，侧向排水管口底应与周边衔接做成半凹形。

【禁忌58】桥面铺装表面出现印迹或个别小坑眼

【分析】

1. 混凝土表面尚未形成足够的强度，行人行走或骑自行车通过或放重物留下印迹。

2. 原材料质量控制不严，粗集料不干净，与水泥砂浆粘接不牢，受到外力作用后粗集料脱离出来留下坑窝，或砂石料含泥块（团）经行车及雨水冲刷成坑眼。

【措施】

1. 混凝土浇筑后做好管理养护工作，7d 内不准行人或放重物，未达到设计要求强度前应禁止车辆通行。

2. 砂石料质量应合格，集料要冲洗干净，砂子要过筛以免出现泥块。

【禁忌 59】混凝土桥面的磨光、开裂、脱皮露骨、跳车

【分析】

1. 普通水泥混凝土铺装层

（1）磨光

铺装层被行驶的车轮所磨耗，形成平滑的状态。产生的原因是交通量过大或铺装层集料抗磨性能差。

（2）开裂

裂缝形式有纵横裂缝、网裂等。产生的原因如下：

1）桥面防水层与主梁顶面和桥面水泥混凝土铺装层之间连接不好，将主梁与铺装层分为两个独立体系，在车辆荷载作用下变形不一致，在主梁顶面与桥面铺装层之间形成空隙；铺装层厚度不够，强度低，板角与板缝处的应力集中形成板角裂缝。

2）桥面伸缩缝附近不平整或者桥面平整度不好，使车辆在行驶中产生较大的冲击。

3）主梁刚度小、变形大，加剧了裂缝的发展速度。

（3）高低不平，出现跳车现象

产生的原因如下：

1）桥面伸缩缝不平或损坏，导致桥头跳车；埋式伸缩

缝，钢板、型钢镶边伸缩缝，由于在梁热胀时缝中的塑料胶泥被挤出而高出桥面的铺装填料，导致跳车；橡胶条伸缩缝由于橡胶性能所限，夏季梁热胀使橡胶条高出桥面，导致跳车。严重的跳车，甚至可能导致汽车钢板的断裂。

2）在桥跨结构物的连接部位，由于结构物与填料部位之间沉降不均匀，使过桥车辆产生跳车。

（4）脱皮、露骨

由于施工时混凝土没有一次成型，或者桥面铺装层产生裂缝后，在车辆冲击力的作用下，使表层产生露骨或局部破损露骨现象。

2. 沥青混凝土铺装层

（1）泛油

这是由于沥青用量过多，沥青材料软化点太低，以及集料级配不良所致。桥面出现泛油后，过桥时车辆粘轮，下雨时易打滑，降低行车的安全性。

（2）裂缝

裂缝形式有纵裂、横裂或网裂。产生裂缝的原因是沥青老化或桥面板本身出现破裂、损坏所引起。

（3）松散、露骨

由于行驶车辆的作用，铺装层表面的细集料慢慢松散、脱离，表面出现锯齿状的粗糙状态。产生这种现象的主要原因是沥青混合料用油太少或压实不足所致。

（4）壅包

沥青混凝土桥面通车一段时间后，由于车辆刹车减速产生的水平力形成沥青混凝土铺装层波浪状的起伏或突起。产生壅包的原因如下：

1）桥面铺装沥青混凝土潮湿，或桥面板变形大（如刚梁）。

2）沥青混凝土面层与混凝土桥面铺装层的粘结力较弱，导致结合不牢，或沥青混凝土的热稳定性差。

3）设防水层的水泥混凝土桥面沥青混凝土铺装，在行车荷载作用下的破坏形式一般为剪切破坏，常表现为拥包和推移现象。剪切破坏有两种情况：

① 防水层与沥青混凝土面层和桥面层间粘结力不足而发生剪切破坏。

② 桥面钢筋混凝土剪切模量远大于沥青混凝土和防水层的剪切模量，加之沥青混凝土层厚度较薄，沥青层内产生较大的切应力而引起的无确定破坏面的剪切变形。

因此，剪切破坏是设防水层的水泥混凝土桥面沥青混凝土铺装损坏的主要原因。

(5) 高低不平，产生跳车

其原因除壅包外其他同水泥混凝土。

【措施】

1. 加强桥面铺装的养护维修工作

应经常清扫桥面，保持桥面清洁完整和有一定的路拱，尤其是雨、雪和冬季结冰以后的清扫工作。严禁在桥面上占为晒场或堆置杂物等，以保证过桥时车辆行驶的安全。此外，桥面防水层如果有损坏也要及时进行修理。

2. 加强日常维修

水泥混凝土铺装层如果有磨光、破裂、脱皮或露骨等缺陷时，通常可用以下方法进行维修：

(1) 原结构凿补

将原铺装层的表面凿毛，露出集料，用清水冲洗干净并充分湿润，再涂刷上同强度等级的水泥砂浆（或者其他粘结材料），最后铺筑一层厚度为4～5cm的水泥混凝土铺装层。

（2）采用沥青改建桥面

沥青路面修补的结构可采用沥青细砂罩面或沥青表面处置，也可加铺一层厚度为2～3cm的沥青混凝土。采用沥青细砂时应先涂刷沥青漆，使之与旧面层结合良好。

（3）对破坏严重的铺装层，可采用全部凿除，用普通水泥混凝土或钢纤维混凝土等材料重新铺筑的方法解决。

3. 及时处理、避免事故

沥青类桥面铺装层出现缺陷后，应及时处理，以免破坏加剧，导致事故发生。

4. 调整标高，改善行车条件

桥面凹凸不平，如果由于构件连接处沉降不均匀引起时，可采用在桥下以液压千斤顶顶升，调整构件连接处标高，使桥面铺装具有相同标高的方法进行维修，改善行车条件，减少车辆荷载的冲击。

【禁忌60】沥青混凝土桥面铺装纵向和横向推移

【分析】

1. 粘层油洒布量不均匀，或洒布偏少。当洒布不均匀时，一方面部分部位由于粘层油量偏少或没洒到粘层油而使粘结力降低，另一方面部分部位由于粘层油量偏大而形成较厚的油膜，导致沥青路面产生推移；当洒布量偏少时，沥青铺装层与水泥混凝土铺装层层间粘结力降低。

2. 水泥混凝土铺装层表面粗糙度不够，影响了与沥青铺装层的有效连接。

3. 在匝道桥上，由于设计超高较小，而一般进出高速公路的车速多数均超过该匝道的设计车速，导致轮胎对路面产生较大横向推力。

【措施】

1. 粘层油洒布采用人工、机械相结合的方法，对洒布不均匀的部位要及时进行人工处理，以免漏洒或粘层油集中的现象。

2. 可采用压纹、拉毛或在混凝土初凝前在其表面均匀压入0.5~1.0cm碎石等方法，来增加水泥混凝土铺装层表面的粗糙度。

【禁忌61】沥青混凝土铺装层脱落

【分析】

1. 设计方面

(1) 设计沥青铺装层混合料类型及厚度与引道路面不一致。

(2) 桥面排水设计不当，桥面两侧易积水。

2. 施工方面

(1) 粘层油过少或洒布不均匀，影响了沥青铺装层与水泥混凝土铺装层间的结合。

(2) 桥面泄水孔排水不畅，雨、雪水长期滞留在路面外侧（或超高段内侧）。

(3) 由于沥青铺装层摊铺厚度与混合料类型不匹配，铺装层孔隙率大，雨、雪水下渗，而且由于夏季高温蒸腾、冬季渗水冻胀，导致层间粘结力降低或完全消失；由于桥面标高控制不严，导致沥青铺装层厚度偏薄。

【措施】

1. 保证水泥混凝土铺装层有足够的粗糙度，粘层油洒布均匀适量。

2. 对处于纵坡较小的桥梁通道，外侧设置一定纵坡的纵向水槽，以利于快速排出雨水。

【禁忌62】水泥混凝土桥面铺装空鼓

【分析】

1. 设计方面

(1) 设计一般通道、小桥等时没有考虑纵坡，多按平坡设计，当纵坡较小时问题不甚突出，但当纵坡较大或桥梁通道较长时，纵向就会有明显的错台现象，为保证与路面的平顺衔接，就将铺装层做成类似于三角层，较薄的部分就极易形成空鼓。

(2) 桥梁在竖曲线上时，顶部铺装层厚度可能达不到最小厚度要求而产生空鼓。

2. 施工方面

(1) 混凝土浇筑时梁板顶面冲洗、清理不彻底；梁板顶面没能洒水润湿；日光暴晒，保护措施不力，养生不及时。

(2) 混凝土水灰比偏大，主集料粒径偏小。

(3) 铺装层厚度不均匀，一般出现空鼓处厚度均较薄，混凝土离析。

(4) 由于梁板高度控制不严，正超差较多，直接对铺装层的厚度产生影响，要严格控制标高，就要减薄铺装层的厚度。

【措施】

1. 在设计中适当增加铺装层（找平层）厚度，尤其是处于竖曲线上的桥涵，其最小铺装厚度应符合要求。

2. 在进行沥青铺装层施工前仔细检查混凝土桥面，发现空鼓部位，要及时凿除修补。

3. 施工中确保梁板顶面清洁、无杂物，确保层间有效粘结。

【禁忌63】桥头及桥梁伸缩缝处的跳车

【分析】

跳车是指桥头及伸缩缝处由于差异沉降或伸缩缝装置破坏而使路面出现显著的变化（台阶），从而导致车辆通过时产生跳跃的现象。

1. 桥头跳车产生的原因

(1) 桥台与台后的地基沉降不同

桥台及台后填方的地基一般情况为同一类型的地层，但就目前的设计情况看，只对桥台地基进行加固处理，而对桥台后填方路段的地基一般不进行加固处理。桥台和台后路基是两个性质截然不同的结构体，虽然桥台作用在地基上的压力大于台后填方，但桥台是不允许发生沉降或沉降较小的，而台后填土段地基未进行加固处理，从而导致桥台后填方产生差异沉降导致跳车。

(2) 桥台后填料受渗水侵蚀变形

在桥台和台后填方之间或锥坡部位，大气降水易沿路面锥坡体（锥坡压实度较难达到要求）下渗，下渗水对桥台一般不产生破坏作用，但对于土类填料浸水后易产生侵蚀和软化，降低强度，从而导致填方体变形。对砂砾石类填料，从横断面看，一般填方体两侧为土类，中部为砂砾石，这种结构仅仅有利于水的下渗而不利于水的横向排泄。对于不加固的地基来讲，填方体中部压力大，向两侧边坡压力逐渐减少，从而使地基产生凹型沉降变形，当水沿砂砾石下渗到地基后，下渗水不易快速排泄，从而软化地基并加速地基的变形。

(3) 台后压实不足

台后填料的压实很难达到要求，目前设计和施工中主要采取强夯、人工夯实、填筑砂砾等方法和措施。对于轻型桥台、重型压路机如靠近则会造成桥台的结构破坏，对于重力式桥台，重型压路机也难以靠近，使用人工或小型机械夯都很难达到规范要求。而往往工序安排台后填土处于工期末期，被迫赶工期等都容易造成台后压实不足，形成较大的沉降。

2. 桥台伸缩缝的跳车台阶产生原因

桥梁梁体长度随温度变化而变化，从而使梁端发生位移，为适应这种位移并保持行车平顺，就必须设置桥梁伸缩装置。如果设计不当、质量低劣、缺乏科学的和及时的养护，会在伸缩缝处形成台阶。

(1) 随着交通量的增加和汽车载重量的增大，桥面伸缩缝由于设置在梁端构造薄弱部位，直接承受车轮荷载的反复冲击作用，而且长期暴露在大自然中，所处环境比较恶劣，由于材料的疲劳和磨损，以及混凝土梁或面板的结合强度不够，是桥梁结构最易遭到破坏而又较难修复的部位。

(2) 设计方面原因

1) 设计时梁端部未能慎重考虑，在反复荷载作用下，梁端破损引起伸缩装置失灵。有些桥梁结构，桥面板端部刚度不足，当桥面板受到汽车荷载作用时，由于翼板较薄，横向联系较弱，导致桥面板反复变形过大；

2) 一些设计是将伸缩装置的锚固件置于桥面铺装层中，与主梁（板）连接的部分很少，在荷载作用下易开焊、脱落，而且力的分布不容易传递，微小的变形可能演变成大的

位移，最终导致混凝土粘结力的失效；

3）伸缩量计算不准确，没有考虑到安装伸缩装置时的实际温度对伸缩装置的影响，伸缩装置本身很难或无法调整初始位移量，选型不当，采用过小的伸缩间距，导致伸缩装置破损；

4）设计上未严格规定伸缩装置两侧的后浇混凝土和铺装层材料的选择、配合比、强度和密实度，产生不同程度的破坏，致使伸缩装置营运质量下降；

5）对于斜桥、弯桥、大跨桥等设计时，没有形成与一般的梁板结构相符合的构造形式和锚固方法；

6）连续缝设置不够完善，变形假缝的宽度和深度设置得不够规范、统一，致使连续缝破损。

（3）施工方面原因

1）对桥梁伸缩装置施工工艺重视不够，未能严格掌握施工工艺和标准，未按安装程序及有关操作要求施工，致使伸缩装置不能正常工作；

2）伸缩装置两侧水泥混凝土和沥青混凝土铺装层结合不好，碾压不密实，容易产生开裂、脱落。加上刚柔相接，容易产生台阶，最终引起伸缩装置的破坏；

3）后浇混凝土（或其他填充料）浇筑不密实，时常出现空洞、蜂窝等，无法达到设计的强度要求，难以承受车辆荷载的强烈冲击。有时提前开放交通，致使过渡段的锚固混凝土产生早期损伤，从而导致伸缩缝营运环境下降；

4）伸缩装置安装是桥梁施工最后几道工序之一，为了赶竣工通车，忽视内部质量管理，施工人员疏忽大意，伸缩装置锚固钢筋焊接的不够牢固或产生遗漏预埋钢筋的现象，梁端伸缩缝间距人为地缩小和放大，定位角钢位置不正确，给伸缩缝本身造成隐患，质量不能保证。

【措施】

1. 桥头跳车防治措施

（1）地基加固处理

消除桥台和台后填方段的差异沉降变形，需对地基进行加固。对一般地基可采用加固土的方法（石灰土、水泥土）；对特殊地基可采用适合各自然特点的特殊处理方法，如换土、固结、强夯等方法，以改善地基，提高承载力，减少工后沉降。台后填方段的地基压力一般小于桥台的压力，其次台后填方的高度一般情况下沿纵向（远离桥台）不断降低，即压力不断减小，因此在进行地基加固处理时，先了解地基情况，确定地基沉降变形特性（固结变形计算），其次分段计算填方自重压力，设计加固方案。

（2）台背填料的选择

尽可能采用粗颗粒的材料填筑桥涵两端的路堤，或者设置一定厚度的稳定土结构层，提高路面、路基的整体刚度，减少沉陷，不同层次用不同填料，填料的施工层厚度，以压实后小于20cm为宜。在高填方的拱涵及涵洞与侧墙相接部位应尽可能使用石碴、砂砾等内摩擦角较大的优质填料进行填筑，且施工时注意填料土压的平衡不得发生偏移。

（3）台背填方碾压方法

应在施工中尽可能扩大施工场地，充分发挥大型压实设备的作用，认真施工，充分压实，对于大型压实设备不能靠近台背时采用小型压实设备配合人工夯实方法，可采用横向压实法，严格控制每层压实厚度不大于15cm，最终满足设计要求。

（4）设置完善排水设施

在靠近构造物背后的填料，在施工中及施工后易积水下陷。施工中要保证排水坡度，设置必要的地下排水设施，也可以在桥台与填方的结合处及过渡段的路面下设垫层，防止路面下渗水进入填方体。对两侧为土类的填料，中间为砂砾填料的填方体与加固地基的连接处做排水管，以排泄填方体与加固地基之间的下渗水。

（5）桥头设置过渡段

考虑桥台与台背路面在材料、结构、胀缩、刚柔等方面存在的差异，为了在其纵、横向都能平顺逐渐过渡，采取下列措施：

1）设搭板和枕梁；

2）设置变厚型埋板，为保证连接部位的刚柔层次的抗冲能力和整体受荷，利于减小锚台幅度，调整不均匀沉陷；

3）路面类型过渡，根据桥涵和填方的长度，在桥头一定范围内修建过渡性路面，待路堤沉降基本完成后再铺设原设计路面。

（6）优化设计方案

1）采用U型桥台或在台背后和两侧路肩设扶臂式挡土墙，杜绝路堤土被挤出，能有效防止沉降差的发展，同时一定要保证基底产生均匀沉降。

2）对短期一次建成的高等级公路，尤其是软土段的高速公路，在小跨径构造物形式上宜尽可能采用箱型截面的通道及涵洞，这种结构整体性强，刚度大，如果产生沉降也是均匀的；

（7）强化施工质量管理，提高桥涵两端路堤的施工质量，提高压实标准，针对工序采取相应措施（机具、层厚）。

（8）桥头路面接缝处理，减少错台影响。

2. 桥梁伸缩缝处跳车的防治措施

（1）梁端特殊设计

梁端部要具有足够的刚度，以满足营运过程中反复荷载的作用。设计过程中要采用恰当的伸缩间距，以保证伸缩装置的正常营运使用。

（2）合理选择伸缩缝装置

选用伸缩缝装置时主要考虑伸缩装置本身的刚度和质量。理想的伸缩缝装置必须满足以下要求：

1）满足上部结构梁与梁之间和梁与台之间的位移要求。

2）伸缩装置的锚固应牢固可靠、经久耐用，能够抵抗机械碰撞、磨损。

3）保证车辆在伸缩装置处行驶平稳、舒适。

4）能防止垃圾和雨水渗入。

5）安装方便、简单，易于检查养护。

目前我国公路建设中采用的伸缩装置种类较多，常见的有齿口钢板伸缩装置、板式橡胶伸缩装置、毛勒伸缩装置以及 TST 弹塑体与碎石填充型伸缩装置等。根据各种伸缩装置的适应范围及使用状况进行分析对比，选择最合理、最经济的伸缩装置。

（3）伸缩装置的安装

1）伸缩装置的锚固钢筋

在预制梁（板）的端部和背墙内预埋伸缩装置锚固钢筋是在两种不同情况下进行的。一般设计给定的都是对称于桥宽中心、在梁（板）端部设置预埋钢筋，则钢筋在每片梁（板）内的预埋位置都会不一样，给施工增加了难度，因此锚固钢筋应以对称于每片梁（板）的中心进行设置，这点在设计中要充分考虑。

施工中要保证锚固钢筋的作用，只在浇筑厚度为8～10cm的桥面板混凝土时进行设置是不可取的。

2）伸缩装置的锚固宽度

规范伸缩缝预埋钢筋在梁（板）端部的锚固宽度，考虑到施工工艺的协调，伸缩装置的锚固宽度按50cm为宜，桥台上宜采用背墙的宽度设置。

3）伸缩装置的定位角钢

伸缩装置的定位角钢一定要依据安装时测出的气温、计算伸缩缝的伸缩量来调整两块定位角钢之间的距离，并按桥面高度将定位角钢焊接到预埋钢筋上，严格控制缝距。定位角钢附近的混凝土，在施工中振捣比较困难，死角和钢筋密集的部位，应加强人工插捣。

(4) 锚固区混凝土的浇筑

桥面行车道混凝土铺装层应同伸缩装置锚固区的混凝土同时浇筑，不允许在该部位及整个桥面上留施工缝。

(5) 加强伸缩缝的养护

伸缩装置在营运过程中必须加强养护，为伸缩装置创造良好的工作环境，使其正常工作。

1）经常清扫桥面、清除缝内杂物（砂、石、硬物等），做好桥面的清扫保洁工作，避免杂物的存在影响缝的自由变形，损坏伸缩缝。

2）经常性的巡视、检查桥面，发现问题应及时解决，根据问题的严重程度进行修补、维修、局部或全部更换部件。

3）注意做好桥面铺装层的维修工作，发现桥面凹凸不平（大于5mm时），尤其是伸缩缝附近凹凸不平有损坏时，要及时修补。

4）发现梁（板）端部破坏或填缝料表面开裂、剥落、下陷、老化等，应及时修补或更换。

5）高等级公路交通量大，行车速度快，不允许中断交通，维修时要做好交通管制工作，尽量缩短维修时间，保证维修质量，注意安全。

（6）完善连续缝的设置

1）连续缝的设置

连续缝的宽度按桥的设计跨径和梁（板）的设计长度之差值进行设置，30m 组合 T 形梁连续缝宽 6cm；各种板桥连续缝宽 4cm；弯道上的桥，在盖梁上设置楔形块调整桥面曲线，楔形块部位的连续缝按两条缝进行设置，每条缝宽不宜小于 4cm，通常设计缝宽不大于 2cm。桥面连续缝处，变形假缝的宽度和深度必须统一、规范，缝的宽度和深度宜按 0.5cm×2.5cm 的锯缝进行设置，以便于施工。

2）增设镀锌铁皮

连续缝处通常采用涂两层乳化沥青、中间铺设一层土工布（简称二油一布）或涂两层沥青、中间铺设一层油毛毡（简称二油一毡），这样施工中就存在以下一些需要解决的问题：

① 在铺设桥面混凝土时，缝顶部位上的土工布、油毛毡容易下挠，甚至胀裂。

② 混凝土会存在振捣不密实的问题。

③ 混凝土在插捣中，容易戳破油毡。

为解决上述问题，需在二油一布或二油一毡底部增加设置一块宽度为 50cm 的镀锌铁皮。

3）不宜使用轻质包装材料

连续缝内填塞轻质包装材料主要是为了使土工布或油毛毡不下挠和不被胀裂。轻质包装材料种类繁多，且无桥梁专用的产品，施工中使用混乱，掩盖了梁（板）缝内的杂物，甚至是坚硬块件，因此，在连续缝处宜采用增设了镀锌铁皮的方法优化二油一布或二油一毡的使用效果，而不宜使用轻质包装材料。

4）二油一布、二油一毡的设置宽度

二油一布、二油一毡的设置宽度在设计中需用文字说明，宽度宜控制在50cm左右。

5）调整上部结构部分钢筋的设置

对预应力T形梁封锚顶面部分钢筋需要适当调整，以不伸出顶面为原则。

（7）及时更换损坏的伸缩缝装置

桥梁在营运过程中，由于伸缩缝装置损坏到一定程度便会引起跳车，因此对于损坏的伸缩缝装置应及时进行修复、更换，防止造成更大的损失。

1）伸缩缝装置局部维修、更换

伸缩缝装置在损坏初期只是局部构件无法正常工作，虽然对行车影响不大，但也应及时维修、更换个别已损坏的部件，以满足伸缩缝装置正常工作的要求。

2）伸缩缝装置修复更换

伸缩缝装置破损已引起桥面跳车，局部维修、更换个别损坏的部件已不可能时，即应更换伸缩缝装置。对伸缩量小于50mm的大、中桥推荐使用TST弹塑体与西安SDI-80型伸缩装置或碎石填充型伸缩装置，对特大桥推荐使用德国毛勒缝装置。

3）修复、更换伸缩缝装置的原则

修复、更换伸缩缝装置应以经济合理为原则，即尽量利用能利用的，彻底更换完全不能利用的，以此达到修复更换的目的。

3. 防治桥头跳水的新技术

（1）用土工合成材料处理桥台涵背的填方。采用带孔的土工格栅、土工网分层铺设给台背填土加筋，大大改善路堤整体特性，使台背局部土体的垂直应力和水平应力减少，剪应力明显提高，有利于填土压实，减少沉降，采用土工合成材料与构造物之间锚固力和回填土之间的嵌锁力及界面摩阻力，将构造物与回填土连为一体增强整体性减少两者间的不均匀沉降。

（2）台背回填的压实质量是影响台背回填沉降及跳车的一个重要因素。台背回填因位于结构台背这一特殊位置，成为碾压的一个薄弱部位，压路机难以碾压到位，且机械振动太大时对结构台背有影响。因此台背回填处的压实机械宜选用小型压实机具，且分层压实厚度宜薄，一般控制在 10 ~ 15cm 范围内。在材料选择上，应选用水稳性好的材料，如石灰土、二灰碎石或水泥稳定砂砾。

（3）预切缝法是采用人工切缝的方法来控制裂缝发展，裂缝在冬季扩大，在夏季自然愈合，中间不再发生自然裂缝，实现桥面整体性。

（4）防治措施

1）台背填土选用沉降完成快的砂砾填筑；

2）加强台背填土夯实，分层厚度不大于 15cm；

3）对于沉降完成较慢的填筑材料，采用土工合成材料加强，以防止毛细水上升和路面水渗入；

4）设计较长的桥头搭板；

5）桥头不设搭板的，将梁端用泡沫板堵塞，以免填土侵入，然后夯实台背填土，如果施工期内不能完成沉降，在交付使用一段时间后，用路面面层混合料将已沉降部分回填到设计标高；

6）对于桥头两端，大型压路机械无法碾压的部位，采用下列措施：

① 对桥头路基填土尽可能填低塑性黏土或砂砾土，使之尽量降低残余变形，不致引起下沉；

② 将砂桩挤密法用于桥头路基以提高软地基的压实度和承载力；

③ 采用桥头两侧加长搭板缓冲路段。

4. 桥头跳车台阶的修复措施

小于20mm的对车速影响不严重的可以不修复。

（1）采用半刚性基层，提高整体强度；

（2）更换填料，采用抗水侵蚀性好的填料；

（3）加铺沥青混凝土，增大与原路面粘结能力；

（4）掺胶混凝土，要求新混凝土厚度超过10cm，同时用HD道路乳胶作为新老混凝土的层间凝结剂，调胶混凝土用于厚度大于3cm的路面表层修补，调胶水泥砂浆用于厚度为1~2cm的薄层修补。

桥头路堤沉降指标考虑沉降容许值$2\sqrt{L}$cm（L为边跨跨径）。桥头路堤沉降，采用纵向坡率2%~4%和绝对沉降值两项指标控制。

【禁忌64】混凝土护栏在交工前出现撞坏或个别部件缺损

【分析】

由于交通事故或车辆在运输超宽物件时不慎将护栏碰坏；缺乏养护管理，使护栏自然锈蚀、腐烂破坏、被人偷拆等造成个别部件缺损。

【措施】

在公路交工前，应尽可能避免交通开放，这样既可避免交通事故，又可以避免护栏的碰撞损坏。同时，要加强养护管理，采取防盗措施；对于扶手等钢铁构件要做好防腐处理，防止锈蚀。工程交工开放交通以后要使栏杆经常保持完好状态，水平栏杆要能自由伸缩，如果有缺损，应及时补齐；如果已损坏，要及时重新安装；钢筋混凝土栏杆如果发现有剥落或裂隙，轻者可用环氧树脂粘结材料灌注封缝修补，严重者要凿除损坏部分，重新修补完整；金属栏杆要经常刷漆养护，如果发现油漆有脱皮、麻点，应重新进行油漆；桥头端柱和导向柱，油漆要鲜明，并进行经常纠偏。

【禁忌 65】混凝土护栏出现明显的裂缝

【分析】

栏杆表面混凝土由于水分浸入导致钢筋锈胀而产生裂缝或伸缩缝处栏杆未断开，使栏杆由于受力变形而开裂。

【措施】

对于混凝土护栏特别需要注意的是要根据设计图样的要求，将护栏进行分段，采用切缝或假缝处理，防止护栏出现不规则的断裂。

【禁忌 66】砌体结构在使用过程中出现结构破坏

【分析】

在施工过程中，施工单位及有关人员没有把好材料质量关是砌体发生质量事故的一个主要原因。

1. 对砂浆用料及配合比的控制往往缺少严格管理，随意更改配合比；使用的水泥砂浆拌后搁置时间过长；砌前块、片石浇水不透或用干石砌筑，铺灰过长等均会导致砂浆强度不足和饱满度不够，直接影响砌体强度和稳定性。

2. 石块质量较差，强度等级往往达不到设计要求，有的工程还随意使用旧圬工拆除下来的杂石，也难以达到基本质量要求。

3. 护坡或锥坡填土未夯实，导致砌体坍塌。

【措施】

1. 施工单位必须对进场后的材料进行检验。

2. 对砌体质量的验收不能满足于完工后的外观检查，应认真按规范要求，在砌筑过程中对砌筑方法、砂浆稠度及砂浆饱满度等进行监督检查。

3. 合理确定工期，控制砌体砌筑速度；合理配备操作人员，减少砌体临时接茬的数量；避免雨天施工，这些都是防止砌体结构强度不足和稳定不够的重要措施。

4. 处理好护坡及锥坡的填料压实度，以免出现沉陷。

5. 对于已经损坏的砌体结构，应及时拆除重新砌筑。

【禁忌67】砌体结构裂缝

【分析】

砌体结构的严重裂缝会最终导致结构的坍塌，更多的裂缝则会导致护坡的漏水，加剧河流对锥护坡的冲刷，影响观感和缩短结构物的使用寿命。

砌体结构出现裂缝的主要原因是砌体结构的基础质量不符合要求，或护坡下填料不密实。

【措施】

预防砌体结构出现裂缝的措施，除采取将基础置于冻土线以下和改善地基条件等措施外，最主要还需通过多种途径来提高结构物的整体刚度，如在确保结构砌体基本质量的前提下，可采用整体基础，或采用有梁式条形基础，设置地梁、增加圈梁等，也可在结构或地基突变的部位设置沉降缝。

【禁忌 68】石砌大方脚上下层没有压砌

【分析】

1. 质量不符合要求，块石尺寸偏小，没有按规定大小搭配，也没有用长形块石“丁”砌搭接牢固，如图 3-2（*b*）所示，影响砌体质量；有的砌墙基大方脚时，上层石块没有压牢下层台阶面的石块，如图 3-2（*c*）所示。

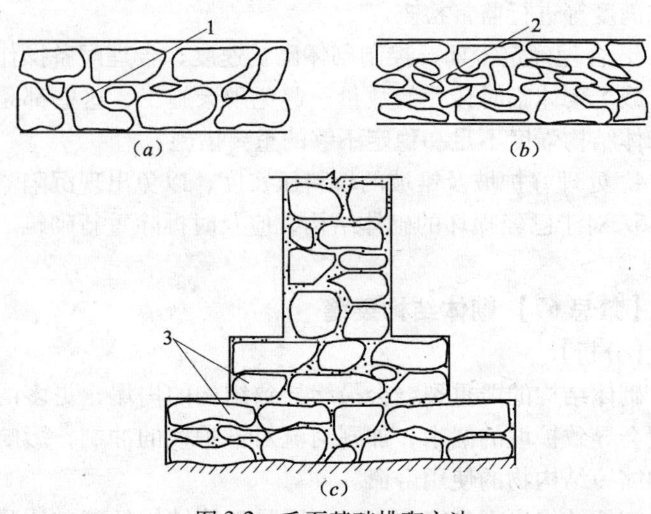

图 3-2 毛石基础排砌方法

1—面向下；2—没有相互错缝搭接；

3—上层石块没有压牢下层台阶面的石块

2. 施工前没有进行砌石技术交底；施工中缺乏严格检

查；没有认真按砌石操作工艺作业；操作技工没有经过培训就上岗，不熟悉操作规程和验收标准。

【措施】

检查正在施工的工程，及时纠正错误砌法，必要时应重砌。

1. 大方脚的组砌方法

基槽必须坚实并符合设计要求，第一皮石块应坐浆，并将大面向下。毛石基础的扩大部分，应做成阶梯形，上层的石块至少应压砌下层台阶的1/2，相邻阶梯的毛石应相互错缝搭接，如图3-2（*a*）所示。

2. 毛石基础

要控制好材料质量，地面以下潮湿的地基中，石材最低的强度等级为MU20、水泥砂浆为M5；在含水饱和的地基中，石材最低的强度等级为MU30，水泥砂浆为M7.5，砂浆稠度宜为30~50mm，必须随拌随用；用铺浆法砌筑。

3. 毛石基础砌筑的灰缝厚度宜为20~30mm，砂浆应饱满，石块间较大的空隙应先填塞砂浆，后用碎石块嵌实，不得采用干填碎石块或先摆碎石块后塞砂浆的方法。

【禁忌69】毛石墙体垂直通缝

【分析】

1. 采用的是不规则的乱毛石，砌筑不规范，没有把石块上下搭接，砌缝没有错开而成通缝。

2. 没有按规定同时砌筑而造成间歇，在临时间歇处又没有留踏步形斜槎，在衔接处形成通缝。

【措施】

1. 毛石砌体要严格材料标准，所用的毛石应呈块状，宜坐浆分批卧砌，并应上下错缝、内外搭接。

2. 毛石砌体的交接处、转角处的毛石块，应用预先打成的阳角石砌筑。

3. 毛石墙砌筑质量的关键是选石，要选用大小不同的石料搭配使用，并注意石块的上下、左右的交搭，使砌缝错开。

4. 施工间歇和流水作业时，临时间歇处必须留斜槎。

【禁忌 70】石墙体里外层不搭接

【分析】

墙体的里外两层互不搭接，各成一体，如图 3-3 所示，这种石墙的承载能力差，稳定性不好，受到水平推力极易倾倒，更不抗震。

原因分析如下：

1. 选料不当，毛石块过小，每批石块压搭过少，又没有按规范规定设拉结石，导致横截面上下都是通缝。

2. 操作技工不懂操作规程，砌石方法不正确，尤其是采用了填心、双合面等错误砌法，如图 3-3 所示，导致墙体稳定性下降。

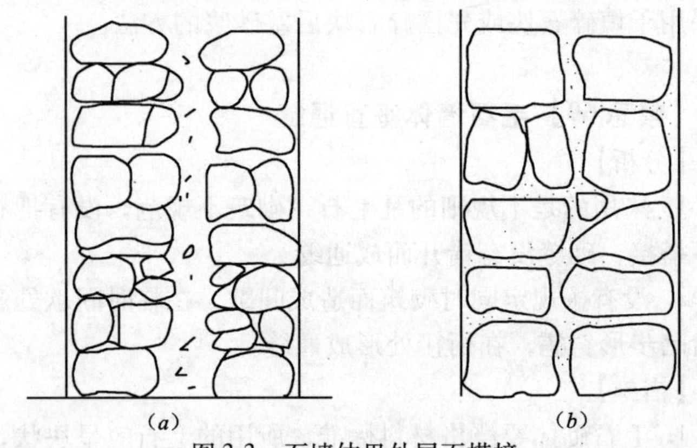

图 3-3　石墙体里外层不搭接

(a) 填心错误砌法；(b) 双合面错误砌法

【措施】

1. 检查正在砌的或已砌的墙体，如果墙体中没有搭结石、设拉结时，必须返工重砌。

2. 必要时须更换大块的石料，能够横搭墙面宽，作为墙体的搭结石和拉结石用。

3. 要注意选石，大小石块搭配使用，立缝要小，要用砂浆铺砌，用小块石堵塞空隙，如图3-4所示，避免只用大块石而不用小块石填空的做法，禁止平面上四块石块形成“十”字缝。

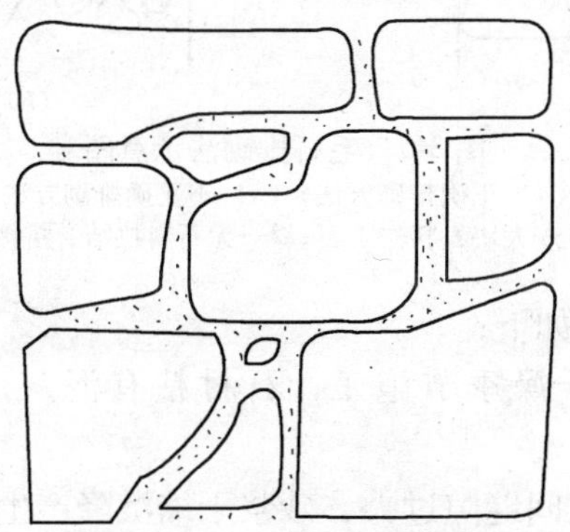

图3-4 石块间空隙垫碎石
（先填灰浆后垫小石块才能保证质量）

4. 砌筑石块时，每隔1m左右要砌一块丁石拉结，拉结石的长度应满墙，而且应上下层错开，形成良好的搭接，如图3-5*a*所示。

【禁忌71】石砌体与砂浆粘结不牢

【分析】

砌体中的石块和砂浆不粘结，掀开石块检查常发现铺灰不足，石块与石块之间还是干缝，有的石块还有松动，由于砌体粘结不良，使毛石砌体的承载能力降低。

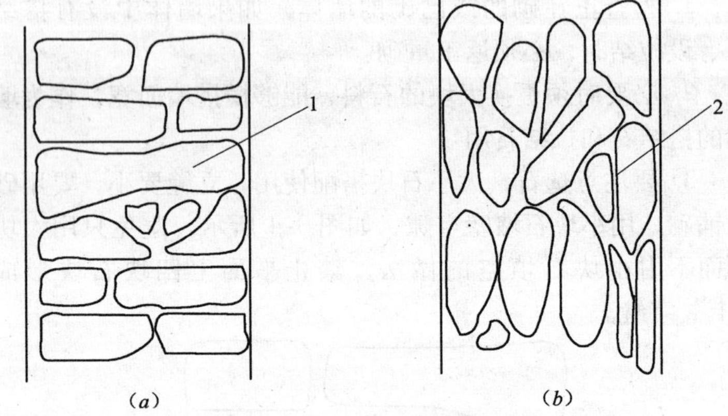

图 3-5　毛石排砌法示意图

(a) 正确排砌方法；(b) 不正确排砌方法

1—大块石料作丁石；2—无石料拉结、搭接

原因分析如下：

1. 高温干燥季节施工，石材粘有泥灰，与砂浆不能粘结。

2. 毛石之间缝隙过大，砂浆干缩沉降产生缝隙，和石块不粘结。

3. 违章作业，如铺砌干石块后再灌砂浆，导致灌浆不足。

【措施】

1. 检查已砌的石砌体，如果有个别石缝有空隙，可先水洗湿润后晾干，再补灌砂浆，填嵌密实；如果石缝空隙过多，要返工灌足或铺满砂浆重砌。

2. 控制材料的质量，砌筑用的石块应洁净湿润。砂浆稠度、强度、分层度都应满足设计与施工的要求。砂浆的稠度，阴冷天气为20～30mm，干燥天气为30～50mm。

3. 毛石砌体的灰缝厚度以20～30mm为宜，砂浆应饱满，石块间较大的空隙应先填塞砂浆后用碎石块嵌实，如图3-4所示，不得干填碎石块或先摆碎石块后塞砂浆。砌体中的砂浆饱满度与砌体抗压强度的关系，见表3-3。

石砌体中砂浆饱满度与砌体抗压强度关系　　表3-3

砂浆饱满度（%）	相对强度（%）
50	64
75	97
80	100
95	121.4

【禁忌72】冬期施工盲目使用掺盐砂浆

【分析】

采用掺盐砂浆具有施工方法简单、货源易于解决、造价低等优点，因此广泛应用于冬期施工。由于掺盐砂浆吸湿性大，导致保温性能下降，并有析盐现象等，因此不是全部工程都能使用。

原因分析如下：

1. 技术交底不清，没有明确掺盐砂浆的配制要求和适用范围。

2. 施工管理不善，误认为冬期施工采用掺盐砂浆就可砌筑一切工程的墙体。

【措施】

1. 应按不同负温界限控制砂浆中的掺盐量。当砂浆中氯盐掺量过多时，砂浆后期强度会显著下降，同时导致砌体析盐量过多，增大吸湿性，降低保温性能，影响室外装饰的质量和效果；如果氯盐掺量过少，砂浆的溶液会出现大量的冰结晶体，使水泥的水化反应极其缓慢，甚至停止，降低早期强度，无法达到预期效果。

2. 对装饰有特殊要求的工程；经常处于地下水变化范围及水下未设防水层的结构；经常受40℃以上高温影响的构造物；配有钢筋、铁埋件未作防腐处理的砌体，应禁止采用掺盐砂浆。已经使用掺盐砂浆砌好的墙体，须经常用水浇淋，然后再抹灰。除禁止使用的工程范围以外，一般工程均可采用掺盐砂浆砌筑。

【禁忌73】抗冻砂浆不合格

【分析】

造成抗冻砂浆不合格的原因如下：

1. 配制的抗冻砂浆原材料不合格。

2. 抗冻砂浆的配合比达不到抗冻规定的负温度，砂浆搅拌未计量使砂浆不抗冻。

3. 抗冻砂浆拌好后停留的时间过长，使砂浆已初凝、冻结。

【措施】

为避免抗冻砂浆不合格，施工中应采取下列措施：

1. 当发现抗冻砂浆不抗冻时，要停止使用，查明原因及时纠正。更换外加剂，调整配合比，认真计量等。

2. 当不抗冻的砂浆已用于砌体时，要具体研究并处理，影响工程质量的必须拆除，更换合格的抗冻砂浆重砌。

3. 检查配制抗冻砂浆的原材料，必须全部符合《砌体工程施工质量验收规范》(GB 50203—2002) 的要求，应采用32.5级和42.5级普通硅酸盐水泥，必须事先弄清外加剂的性能、化学成分，而且明确掺量。

4. 抗冻砂浆配合比必须由试验室经过试验确定，应满足下列要求：

（1）经过标准养护28d，硬化后应达到设计规定的强度。

（2）砂浆在运输和使用时不得产生泌水、分层、离析等现象，要保证砂浆组分的均匀性。

（3）满足砌筑要求的流动性。

（4）满足抗冻性、防腐性方面的要求。

5. 砌筑砂浆强度等级

冬期施工砂浆强度等级一般不应低于M2.5，重要部位和结构处不应低于M5，必要时可按设计规定提高一级砂浆强度等级。

6. 砂浆拌制应严格按配合比计量搅拌。黄砂中不得含有冰块；根据环境温度确定搅拌用水的温度；外加剂要严格按气温要求确定掺量；搅拌机棚要保暖，运输车要保暖、防冻。

7. 冬期施工时，砌筑砂浆使用时的温度不应低于+5℃。

【禁忌74】墙面表面粗糙

【分析】

墙面不平直、曲折起伏、线形不畅、整体感观差，个别高填方或桥头锥坡坡面沉降，勾缝脱落，大面凹凸不平，线条不顺。

原因分析如下：

1. 墙面不平直、曲折起伏、线形不畅是由于放线不准，挂线不牢固或技术人员疏于检查造成的。

2. 勾缝脱落主要是在石料表面勾自然缝或勾装饰假缝时未嵌入一定的深度造成的，也有勾缝前对缝润湿不足，或砂浆强度不高，或勾缝后养生不当等原因造成的。

3. 桥头锥坡的坡面变形、勾缝脱落是桥头锥坡土体的压实不足或由于土方固结、沉降作用造成的。

4. 表面粗糙，凹凸不平，局部出现竖向贯缝，其原因除了未执行规范要求的原因外，多数是由于石料采集不当所致。

【措施】

1. 认真放样，固定标准杆，挂线稳定是保证砌筑位置准确、大面平整、线条直顺、整体协调的基础。

2. 勾缝是很重要的工序，首先应适当清理并润湿砌筑缝，再用强度合格的水泥细砂浆嵌入砌缝内2cm以上勾缝，要求缝面平整、光滑、密实、顺适，并及时压面修整养生。对片石凸缝要求勾自然缝，个别拐角过度可使用假缝，一般缝宽不超过4cm；片、块石缝厚一般为1.0~5cm为宜；块石缝宽一般不超过3cm。通常按上述方法勾缝既可保证勾缝牢实不脱落，又满足光滑、顺适、美观的要求。

3. 桥锥坡填土应与桥头高填方一起分层填筑，充分压实后再清坡、夯实坡面、砌筑片石。工期允许时，待土体沉降稳定后再做浆砌防护工程稳定性会更好。

4. 选择好的石料是保证砌筑墙面平整、光洁的前提。片石一般厚度不小于15cm，要求镶面石平整、石质坚硬，尺寸较大者应适当整修，严禁使用风化石镶面；块石厚度在20~30cm之间，长度为厚度的1.5~3.0倍，宽度约为厚度的1.0~1.5倍，形状大致方正，上下面平整。镶面时应对镶面石加以必要的修整，使表面平整规则。

第4章　隧道工程

第1节　开挖工程

【禁忌1】洞门坍塌

【分析】

1. 洞门边、仰坡开挖采用大爆破作业方式，对隧道洞口围岩产生扰动，导致隧道洞口坍塌；

2. 地表水渗透或雨水冲刷使隧道洞门边、仰坡失稳，导致洞口坍塌；

3. 洞口围岩松散软弱，自稳性能差，进洞施工方案不妥；

4. 洞口边、仰坡开挖后防护不及时。

【措施】

1. 洞口工程施工前，首先做好洞口范围内地表防排水工作，填平积水坑和洼地，避免地面水渗透；

2. 及时施做洞口工程系统排水沟、截水沟，尽可能与洞口路基排水系统形成整体。宜在边、仰坡开挖前及雨季前完成；

3. 隧道边、仰坡土石方开挖作业尽可能采用弱爆破或非爆破方法自上而下分部进行，减少对洞口围岩的扰动；开挖后对边、仰坡及时进行防护；

4. 洞门施作尽可能避开雨季进行，尽早施作洞门和洞口段衬砌，保证洞门边坡稳定；

5. 隧道门端墙处土石方开挖施工完成后及时施作洞门端墙及挡护工程；

6. 施工期间，保持对边、仰坡及洞顶山坡体进行监测和观察，及时掌握洞口的安全状况，以便迅速采取有效的安全对策。

【禁忌2】光爆效果差，超、欠挖严重

【分析】

造成光爆效果差，超、欠挖严重的原因如下：

1. 没有根据围岩情况的变化及时调整爆破参数；

2. 周边眼位置不准确，外差角偏大或不一致；

3. 爆破工责任心不强，未按照钻爆设计的装药结构、雷管的段数和装药量进行装药；

4. 技术人员测量开挖轮廓尺寸不够准确。

【措施】

为避免光爆效果差，超、欠挖严重，施工中应采取下列措施：

1. 根据围岩情况进行爆破设计，并根据围岩变化及时调整爆破参数。

2. 软弱围岩边墙宜采用预裂爆破，拱部宜采用光面爆破，并预留沉落量。

3. 周边眼定位要准确，炮眼应平行、平直，炮眼间距严格按照钻爆设计要求布置。

4. 加强爆破工的责任心。提高业务水平，施工中严格按照钻爆设计的装药结构、雷管段数和装药量进行装药；周边

眼采用小药量间隔装药，导火索引爆。

5. 测工应每循环对开挖断面进行准确测量。测量实行双检制，每开挖10m，对标高、中线和轮廓线进行一次复查。

6. 控制超、欠挖，超挖部分在允许范围内，应按照同级混凝土回填；超出允许范围，应根据相关规范做出方案报批后实施回填作业，欠挖应凿除。

【禁忌3】断层、破碎带开挖局部坍塌

【分析】

造成断层、破碎带开挖局部坍塌的原因如下：

1. 未进行超前地质预报，对断层、破碎带未做预处理；

2. 未及时改变开挖及支护方法，盲目追求进度。

【措施】

为避免断层、破碎带开挖局部坍塌，施工中应采取下列措施：

1. 加强超前地质预报，及时分析塌方地段地质的特征；

2. 根据地质特征，及时调整开挖进度、开挖方法、支护方法；调整爆破参数；

3. 增加管棚、超前锚杆或超前小导管等超前预支护措施，以免坍塌。

【禁忌4】喷射混凝土厚度不足，喷射回弹量大

【分析】

造成喷射混凝土厚度不足，喷射回弹量大的原因如下：

1. 现场管理人员质量意识不强；

2. 砂、石、水泥和外加剂等原材料进场控制不严，拌合站未严格按照施工配合比拌料；

3. 欠挖没有按要求处理；

4. 冬期施工保温措施不到位；

5. 喷射工技术不熟练；

6. 喷射混凝土时在岩壁没有厚度标尺。

【措施】

为避免喷射混凝土厚度不足，喷射回弹量大，施工中应采取下列措施：

1. 加强现场管理，喷射混凝土时应全过程旁站；

2. 试验室应对进场的原材料按照《客运专线铁路隧道工程施工质量验收暂行标准》铁建设（2005）160号要求进行检测，各项指标均应满足要求后才能使用；

3. 拌合站严格按照试验室下发的施工配合比施工，并做好冬期施工措施；

4. 认真做好喷射混凝土的养护工作；

5. 加强对喷射工的指导和培训。喷射混凝土时喷嘴宜垂直于喷射面，其间距宜为0.7~1.5m，喷嘴应缓慢、连续作横向环形移动；

6. 加强开挖净空检查，严格按照设计和规范预留沉降量。对欠挖及时处理，满足设计和规范要求后才能进行喷射混凝土作业；

7. 隧道环向每2m布设一个厚度标尺。

【禁忌5】锚杆垫板未施作，拉拔力不足

【分析】

锚杆垫板未施作，造成拉拔力不足的原因如下：

1. 现场管理人员对设计图纸不清楚或质量意识不强；

2. 注浆（或锚固剂）不饱满，孔内空气未排尽或压力

不够；

3. 锚杆长度不够；

4. 锚杆钻孔深度不够。

【措施】

为避免锚杆垫板未施作，拉拔力不足，施工中应采取下列措施：

1. 加强施工过程监督，熟悉设计图纸，要掌握隧道每个部位锚杆类型和数量，确保锚杆类型、数量和长度满足设计要求；

2. 调整注浆（锚固）工艺，保证排气畅通，适当加大注浆压力；

3. 锚杆长度符合设计要求，锚杆施工一定要施作锚杆垫板；

4. 严格检查钻孔深度和孔径，保证钻孔满足设计要求。

【禁忌6】拱架加工时，钢架连接板焊接不牢，架立间距较大

【分析】

拱架加工时，造成钢架连接板焊接不牢，架立间距较大的原因如下：

1. 现场管理人员质量意识较差；

2. 电焊工责任心不强，技术较差；

3. 型钢拱架的弯曲设备对两端的弧度控制有偏差。

【措施】

拱架加工时，为避免钢架连接板焊接不牢，架立间距较大，施工中应采取下列措施：

1. 加强现场管理人员的质量意识，拱架架立间距偏差控

制在 ±50mm；

2. 提高电焊工的业务水平和增强责任心，确保拱架和连接板之间的焊接质量；

3. 型钢拱架的每节弯曲时，两端 60cm 范围内的弧度要严格控制，确保整个拱架几何尺寸。

【禁忌 7】衬砌背后存在空洞

【分析】

造成衬砌背后存在空洞的原因如下：

1. 对超挖未按施工规范进行回填；

2. 衬砌时拱顶灌注混凝土不饱满，振捣不够；

3. 泵送混凝土在输送管远端由于压力损失、坡度等原因导致空洞。

【措施】

为避免衬砌背后存在空洞，施工中应采取下列措施：

1. 从源头做起，尽可能控制好开挖质量和控制超挖；

2. 加强质量意识到位，加大过程控制，责任到人，监控到位；

3. 衬砌灌注混凝土施工时，拱顶设置溢浆管，检查拱顶混凝土灌注的饱满度；

4. 衬砌表观适当增加拱部混凝土灌注口，确保混凝土灌注饱满、密实。在拱顶设注浆孔进行注浆，充填空洞。

【禁忌 8】衬砌错台明显、漏浆、流砂严重，外观质量差

【分析】

造成衬砌错台明显、漏浆、流砂严重，外观质量差的原因如下：

1. 衬砌混凝土水灰比不合理，泌水严重；

2. 衬砌台车刚度不够，模板整修不到位；

3. 两侧未进行对称浇筑；

4. 浇筑速度过快，台车上浮；

5. 模板涂油太多，拆模后形成鱼鳞云；

6. 局部模板涂油未清理干净，拆模后形成“扒皮”掉块现象。

【措施】

为避免衬砌错台明显、漏浆、流沙严重，外观质量差，施工中应采取下列措施：

1. 检查台车、模板的加工制作质量，保证其有足够的精度、刚度、强度和稳定性；

2. 分节对模板安装质量进行检查，接头缝隙和表面平整度达不到规范要求不准进行浇筑混凝土作业；

3. 控制混凝土水灰比，可适量增加粉煤灰或外加剂，改善混凝土的和易性，增大坍落度；

4. 对称浇筑混凝土，防止偏压造成衬砌台车移位；控制浇筑速度，防止台车上浮和减少混凝土表面的气泡，必要时采取防止台车上浮措施；

5. 台车拆模后应彻底清理模板上的浮浆，涂油要均匀。

【禁忌9】衬砌的厚度不满足设计要求

【分析】

造成衬砌的厚度不满足设计要求的原因如下：

1. 承包人质量意识不严，过程监控不到位；

2. 开挖断面偏小或预留沉降量不足，为满足净空减少支护和衬砌的厚度；

3. 对欠挖的部分没有进行处理。

【措施】

为避免衬砌的厚度不满足设计要求，施工中应采取下列措施：

1. 加强初期支护和衬砌过程的监控；

2. 加强开挖净空检查，严格按照设计和规范预留沉降量；

3. 对欠挖的部分严格按照规定的要求进行处理，达标后才能进行支护和衬砌；

4. 适时开孔检查支护和衬砌的厚度，对衬砌厚度不足部分应开天窗，凿除欠挖部分周围的围岩，用同等级混凝土回填或注浆回填。

【禁忌10】衬砌渗漏水

【分析】

造成衬砌渗漏水的原因如下：

1. 衬砌开裂；

2. 防水、引水、排水设施不完善；

3. 环向变形缝、施工缝处理存在质量缺陷，止水带、止水条安设不规范；

4. 防水板穿孔、破损，焊缝不严密；

5. 衬砌捣固不密实，存在蜂窝或孔洞；

6. 防水材料不合格；

7. 泄水孔数量不够或排水不通。

【措施】

为避免衬砌渗漏水，施工中应采取下列措施：

1. 严格按照设计和规范要求对防排水工程实施质量

监控；

2. 铺设防水板前应对尖锐突出物、基面钢筋头进行清理，并用砂浆把基面基本找平；防水板紧贴基面，对有较大坑凹处，应增加固定铆钉数量，确保基面与防水板之间紧贴不留空洞；

3. 防水板与暗钉圈焊接要牢固，两幅防水板搭接宽度应满足设计要求，双焊缝搭接，焊接时温度适合，焊机行走速度均匀，不得焊穿；

4. 根据基面实际情况适当留有松弛度，以免浇注混凝土时挤裂；

5. 铺设及搭接顺序应遵循先拱部后边墙，下部防水板压住上部防水板；

6. 加强防水材料质量控制，确保各项指标符合要求；

7. 严格按施工规范处理施工缝，加强衬砌浇筑过程控制；

8. 加强变形缝、施工缝的防水工程质量控制，确保止水条安装位置在施工缝的中间；

9. 必要时对衬砌背后、洞身地层实施防水注浆处理；

10. 因地制宜采取附加排水措施（盲沟、暗沟）；

11. 做到环向、纵向盲管通畅，对水量大的地段增设泄水孔的数量，确保水流通畅。

【禁忌 11】衬砌混凝土开裂

【分析】

造成衬砌混凝土开裂的原因如下：

1. 温差和混凝土的干缩；

2. 碱集料化学反应；

3. 洞身偏压；

4. 边墙基础下沉；

5. 拱部混凝土灌注困难或灌注中断而引起的开裂；

6. 仰拱和边墙结合部位由于应力集中而开裂；

7. 拆模时间太早，衬砌强度不足以支撑自身自重而开裂。

【措施】

为避免衬砌混凝土开裂，施工中应采取下列措施：

1. 混凝土加入合理的外加剂，选择合适的集料；

2. 改进混凝土的浇筑工艺，加强振捣和养护；

3. 必须将边墙基础浮渣清理干净，使边墙底部与衬砌紧密结合；

4. 放慢边墙混凝土浇筑速度，并分层浇筑，待边墙稳定后再浇筑拱部混凝土；

5. 必要时对围岩实施锚杆、注浆等措施预加固，以阻止围岩徐变过大而使衬砌混凝土开裂；

6. 结构交叉部位应作加强处理，防止因应力集中而引起的开裂；

7. 控制拆模时间，对不受围岩应力的衬砌混凝土的强度达到 8MPa，对承受围岩应力较大的混凝土强度应达到设计强度的 100% 才能拆模；

8. 偏压隧道应对偏压进行预处理后再实施衬砌。

【禁忌 12】钢拱架安装侵入衬砌界线

【分析】

造成钢拱架安装侵入衬砌界线的原因如下：

1. 钢拱架安装不准确；

2. 钢拱架变形严重；

3. 围岩开挖超、欠挖严重。

【措施】

为避免钢拱架安装侵入衬砌界线，施工中应采取下列措施：

1. 安装钢架时精确测量定位，并在工中和工后严格检查架设质量。

2. 保证钢架基础平整牢固，钢架安装后尽快焊接连接筋、规范到位安装锁脚锚杆、喷混凝土形成整体受力体系。钢架施工是关键工序，钢架直接影响初期支护中的围岩受力状况，尤其在钢架应力集中的位置，如两节钢架连接处每个螺栓的连接情况。在钢架安装过程中防止出现两拱脚前倾后仰和标高不一致的现象，倾斜角度不得超过2°，并在下一榀钢架中找平，喷射混凝土保质保量。

3. 采用隧道激光断面仪测量断面净空，处理超、欠挖。

【禁忌13】隧道拱背回填不实

【分析】

工序安排不合理，拱圈混凝土灌注后没有按规范标准进行回填；没有及时回填。

【措施】

1. 在出现超挖坍塌时，严格按规范和验收标准要求办理，拱脚以上1m范围内的超挖，必须用与拱圈同等级混凝土一次填筑。其余部分，超挖在允许范围内可用与衬砌同样材料回填，超挖大于规定时可用浆砌片石或片石混凝土回填。

2. 回填完后，必须经质检员检查合格后，才能进行下道工序。

【禁忌14】隧道水沟、电缆槽不平直

【分析】

造成隧道水沟、电缆槽不平直的原因如下：

1. 模板支撑不牢固，导致跑模；

2. 顶面抹平控制不好。

【措施】

为避免隧道水沟、电缆槽不平直，施工中应采取下列措施：

1. 采用成熟的型钢模板体系施工方法，每倒用一次都要进行整修。

2. 放样点宜5m一个，模板纵向接缝处要重点检查标高，加强支撑，防止跑模。

3. 不得提前拆模，以免拆模造成棱角破损。

4. 捣固密实，顶面抹面要设专人负责。

【禁忌15】隧道边墙施工缝接触面处混凝土不密实

【分析】

造成隧道边墙施工缝接触面处混凝土不密实的原因如下：

1. 挡头板没有按设计加工成整块模板，缝隙大，支撑不牢；

2. 捣固不密实，漏浆，跑模，变形施工缝不顺直。

【措施】

为避免隧道边墙施工缝接触面处混凝土不密实，施工中应采取下列措施：

1. 按设计断面预制端头模板，立模要牢固并使模板充分湿润。

2. 加强捣固，边角处一定要振捣密实。

3. 木工现场值班，发现跑模，及时纠正。

【禁忌16】仰拱基底处理不好，出现变形

【分析】

造成仰拱基底处理不好，出现变形的原因如下：

1. 仰拱混凝土施工之前未将基底清理干净。

2. 仰拱混凝土施工后未及时对空洞进行注浆处理。

【措施】

为避免仰拱基底处理不好，出现变形，施工中应采取下列措施：

1. 仰拱封闭前，进行严格检验，确保基底无积水和虚渣后，才能进行下道工序施工。

2. 仰拱混凝土施工完毕后，采用地质雷达对其进行检测，发现空洞及时采取基底注浆措施进行回填。

【禁忌17】二衬混凝土会出现新旧混凝土衔接不平顺，漏浆，模板间或窗口错台

【分析】

造成二衬混凝土会出现新旧混凝土衔接不平顺，漏浆，模板间或窗口错台的原因如下：

1. 衬砌台车与既有混凝土面搭接过短或过长；

2. 过曲线段；

3. 衬砌模板变形或平装不符合施工要求；

4. 台车刚度不足，施工过程中产生变形。

【措施】

为避免二衬混凝土会出现新旧混凝土衔接不平顺，漏浆，模板间或窗口错台，施工中应采取下列措施：

1. 二次衬砌施工是在围岩或围岩初期支护后基本达到稳定后施工，沉降观测一般围岩在开挖后1个月内基本稳定。待围岩稳定后可进行衬砌施工。

二次衬砌前首先应切除初期支护断面上外露的锚杆，并用高强度等级砂浆进行修补。搞好二次衬砌施工，关键控制好混凝土质量和钢筋绑扎，钢筋绑扎按要求在连接处控制好搭接长度（单面焊不小于$10d$，双面焊不小于$5d$）。模板台车长为12m，对于纵向钢筋在挡头模板处应不得断开，处理方法如下：应在挡头上纵向钢筋通过处开槽处理，用橡胶弹性止水材料套在钢筋和模板交接处，避免漏浆。

2. 缓和曲线隧道二衬施工方法。为避免超挖施工中在曲线处出现明显错台，解决方法如下：

（1）在曲线处分仓增大，尽可能按台车长度分仓，并使两模二衬搭接长度减小（搭接长度大于10cm，小于30cm），并在搭接处放置止水条以免灰浆倒流。

（2）使用短台车衬砌，并要求搭接长度要小。

3. 台车定位。台车定位过程中包括初步定位和精确校正定位，在施工前应进行初期支护断面扫描，初期支护断面不得侵入二次衬砌混凝土，在施工前，对初期支护进行断面扫描，按1～3m扫描一个断面，最大不应超过5m。对于侵入二次衬砌的初期支护断面应进行处理。处理后进行台车推进初步定位，定位后进行台车断面扫描，以偏离设计轮廓线10cm为测定点，按每模台车控制进口和出口两个断面，每个断面不少于7个点，按照扫描台车断面和设计断面及初支断面进行比较，然后进行精确定位校核，直到符合规范要求，要考虑台车施工中移位和下沉为1～2cm。

要求每模必须验收，精确校合合格后，才能进入下道工序，要求台车中心线偏离隧道中线不超过1cm，台车模板轮廓线偏离设计线不超过1cm。

4. 衬砌前先检查模板台车刚度、平整度、弧度、光洁度是否符合要求。测量指导台车精确就位。浇筑混凝土过程中，可用千斤顶顶撑台车墙脚的四个端头，防止模板台车变形移位。模板台车采用10cm钢板做模板。严格按要求进行拼装，拼装完毕后进行检验、打磨。

第2节 隧道防水排水

【禁忌18】隧道漏水渗水

【分析】

造成隧道漏水渗水的原因如下：

1. 地表水渗到衬砌中。

2. 地下水上冒到隧道路面和衬砌中。

3. 围岩中的水侵入衬砌体。

4. 衬砌裂缝。

5. 寒冷地区还会由于冻融的反复循环，加快衬砌和设备的损坏。

【措施】

1. 对于地表水的防治措施

根据地形、地势，因地制宜地在洞顶设置防水，如将地表填平，铺砌、抹面、勾补等，将坑穴或钻探孔封闭、堵死，达到防渗抗渗的目的。

2. 对于围岩中的地下水的防治措施

首先要探明水流形式和水的来源，即：是地下水还是裂隙水。其次是采取措施，当围岩破碎、涌水易坍塌地段时，要采取直接向围岩内压浆的方法，当围岩条件很好且水量不大时，可以不压浆，直接采用隔离防渗措施；如果涌水量很大时，还要采用化学浆液进行固结，然后再采用隔离措施。

隔离防治的方法是多种多样的。整体式衬砌可以在衬砌体的内、外敷设水层，衬砌也可以使用防水混凝土。复合衬砌可以用夹层式防水层。即在两层衬砌之间设置缓冲、隔离、防水层，使当第一层衬砌产生变形压力很大时，通过缓冲层使其变形传递为少量，从而保护另一层衬砌以及隔离层和防水层。如果第一层衬砌支护能力不足而导致破碎时，还依靠隔离层、缓冲层，将变形压力均匀的传布到二层衬砌上，同时依靠二次衬砌的支护能力进一步制止形变的继续发展，绝对不允许当一次衬砌出现裂缝时，二次衬砌也随即出现裂缝，从而导致衬砌全部破坏，隧道终止使用。

另外，初期支护喷射混凝土表面粗糙度应进行很好控制，由于防水板在服务期间的擦痕与压痕的严重程度很大程度上取决于喷射混凝土的粗糙度。对此，可采取以下措施：防水板厚度要大于 1.2mm；喷射混凝土粗集料不宜采用碎石，如果必须用碎石时，则建议在铺设防水层前，用喷射薄层砂浆为原喷射混凝土内面找平。

3. 其他防水排水措施

隧道采用复合式衬砌时，在初期支护与二次衬砌之间铺设防水层，其作用是将水隔离并排入泄水孔。

【禁忌 19】隧道二衬渗水

【分析】

造成隧道二衬渗水的原因如下：

1. 防水板的完整受到破坏。

2. 排水盲沟堵塞或中断。

【措施】

为避免隧道二衬渗水，施工中应采取下列措施：

1. 防水板的完整性：焊缝的质量、铺设的松弛度要有保证；防止钢筋焊接时烧破防水板、在浇筑混凝土时防止损坏防水板。

2. 浇筑二衬前应检查防水板背后盲沟是否畅通，防止盲沟堵塞或中断。

【禁忌20】排水沟排水不畅

【分析】

造成排水沟排水不畅的原因如下：

1. 沟底纵坡设置不规范，控制不准，存在偏差，沟底呈“波浪”状；

2. 沟底纵坡坡度较小；

3. 沟底不平顺；

4. 沟内有杂物，流路被堵塞。

【措施】

为避免排水沟排水不畅，施工中应采取下列措施：

1. 按照设计和规范的要求设置沟底纵坡，合理控制分段长度；

2. 沟底要砌筑平顺，避免出现局部凹陷；

3. 及时清理边沟的杂物，保证边沟排水通畅。

参考文献

1. 公路路基设计规范 JTG D30—2004［S］. 北京：人民交通出版社，2004.
2. 公路钢筋混凝土及预应力混凝土桥涵设计规范 JTG D62—2004［S］. 北京：人民交通出版社，2004.
3. 公路工程施工监理规范 JTG G10—2006［S］. 北京：人民交通出版社，2006.
4. 公路工程水泥及水泥混凝土试验规程 JTG E30—2005［S］. 北京：人民交通出版社，2005.
5. 公路工程岩石试验规程 JTG E41—2005［S］. 北京：人民交通出版社，2005.
6. 公路工程集料试验规程 JTG E42—2005［S］. 北京：人民交通出版社，2005.
7. 公路工程土工合成材料试验规程 JTG E50—2006［S］. 北京：人民交通出版社，2006.
8. 公路路基施工技术规范 JTG F10—2006［S］. 北京：人民交通出版社，2006.
9. 公路水泥混凝土路面施工技术规范 JTG F30—2003［S］. 北京：人民交通出版社，2003.
10. 公路沥青路面施工技术规范 JTG F40—2004［S］. 北京：人民交通出版社，2005.
11. 公路隧道施工技术细则 JTG/T F60—2009［S］. 北京：人民交通出版社，2009.
12. 公路交通安全设施施工技术规范 JTG F71—2006［S］. 北京：人民交通出版社，2006.

13. 公路工程质量检验评定标准（土建工程）JTG F80/1—2004［S］. 北京：人民交通出版社，2004.

14. 公路工程质量检验评定标准（机电工程）JTG F80/2—2004［S］. 北京：人民交通出版社，2004.

15. 公路桥涵施工技术规范 JTJ 041—2000［S］. 北京：人民交通出版社，2000.

16. 公路工程沥青及沥青混合料试验规程 JTJ 052—2000［S］. 北京：人民交通出版社，2000.

17. 公路工程施工安全技术规程 JTJ 076—1995［S］. 北京：人民交通出版社，1995.

18. 王国鼎，袁海庆，陈开利. 桥梁检测与加固［M］. 北京：人民交通出版社，2003.

19. 刘吉士. 公路工程施工监理实务［M］. 北京：人民交通出版社，1998.

20. 赵家臻. 公路工程监理手册［M］. 北京：机械工业出版社，2006.